Eurus

Notus

上田 信
Makoto Ueda

人口の中国史

——先史時代から一九世紀まで

Boreas

Zephyrus

岩波新書
1843

はしがき

中国の武漢から流行がはじまったとされる新型コロナウィルスは、世界中に広がりパンデミックとなった。不要不急の外出を控えろという要請のもと、自宅に引きこもりながら本書の原稿を書き進めている。

新たな感染症が流行した背景として、感染がはじまった時期が、中国の春節(伝統的な暦に基づく正月)の直前であったことが挙げられている。人が国内で大移動し、世界各地に多くの観光客を送り出していた。中国の人口の多さと、今回のパンデミックとが関連づけて語られることが多い。

「中国」という言葉を耳にしたとき、大半の人が思い浮かべる中華人民共和国は、一九八〇年代から急成長を遂げ、国内総生産GDPはアメリカに次いで二位となり、一帯一路政策を推し進めることで世界における存在感を高める国、そしてネットを介して人民にサービスとともに監視を強めるという統治システムを構築しようとしている、といったものだろうか。今後の世界において、この中国という存在は、看過することはできないだろう。

特に日本列島に住む私たちにとって、好むと好まざるとによらず、隣国であり続ける。かくも巨大な国と付き合っていくためには、政治・経済・軍事などの視点も重要だが、長期的なヴィジョンを描くために必要不可欠な視点が、人口である。

出生数の減少、男女比のアンバランス、労働人口の比率の低下、都市部への人口集中と農村の過疎、超高齢化社会の到来などの問題に、中国が近い将来、直面することが予測されている。このような未来は、人口動向から読み取ることができる。中国人口史を深掘りする作業は、緊急性を要するのである。

巨大な人口を抱えている、こうしたイメージで中国は語られる。しかし、歴史をさかのぼると、人口が急増しはじめたのは一八世紀であった。本書の目的は、現在の中国の人口がどのような道筋を経て形成されてきたのか、そして今日まで続く人口の急増の背景はどのようなものであったのか、歴史的に明らかにするところにある。

しかし、広大な中国の人口史を扱うには、データを収集し、解析するために多大な労力を要する。個人の研究者の力では、とても扱えるテーマではない。また、日本では中国史研究者の養成が、王朝ごとに行われているために、数千年にわたる人口史を通観できる人材が育っていない。各時代の歴史を理解するためには、人口が重要だということが分かっていても、なかなか取り組めないというのが、日本の中国史研究の現状である。

一方、中国では国家的な研究プロジェクトとして、多くの研究者を動員して、大きな予算を配分して、人口史をまとめている。本書は中国人口史の道筋をつけるために、主に中国で刊行された『中国人口史』を批判的に読み解きながら、人口から中国を理解するための視座を提供することを目的とした。

二〇二〇年はまた、中国で一〇年ごとのセンサス（国勢調査）「第七次全国人口普査」が行われる。調査結果が公表される時期は、その翌年以降となる。二〇世紀から現在にいたる現代中国人口史は、最新の統計が発表されるのを待ち、本書ではその前段階となる先史時代から一九世紀までを対象とする。

これまで中国史に触れてきた方も、人口という視点から見ることで、おそらく新たな発見があると思う。本書が広く読まれ、読者から忌憚ない批判や提案を賜るよう、願っている。なお、本書の執筆にあたっては、中国で出版された中国人口史に関する多くの著作を咀嚼して記したため、出典は明記しなかった。さらに興味を覚えて研究の道に進む方は、本書の末尾に添えた参考文献リストを参照していただきたい。

二〇二〇年三月

上田　信

目次

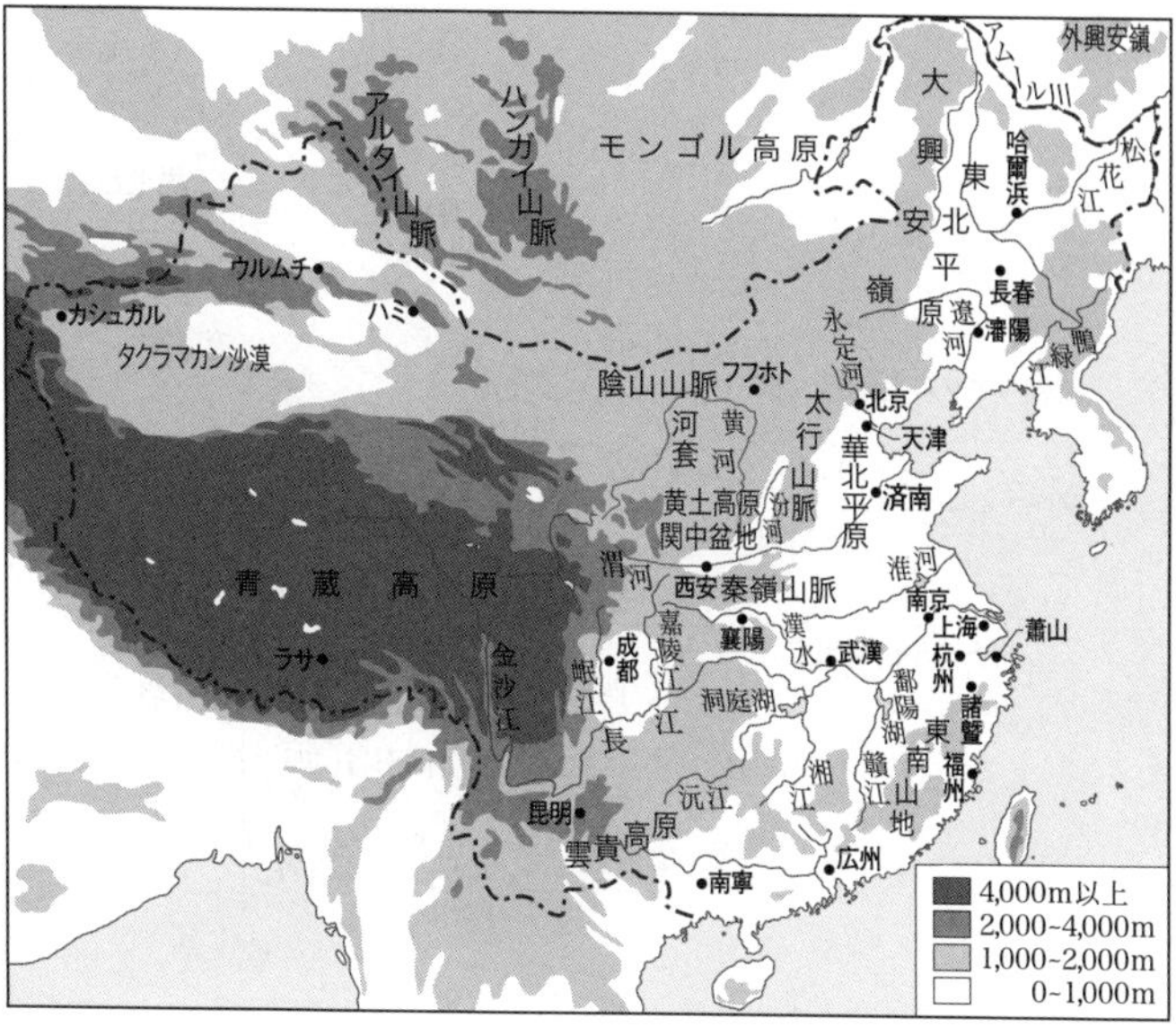

図 0-1　東ユーラシア地勢図

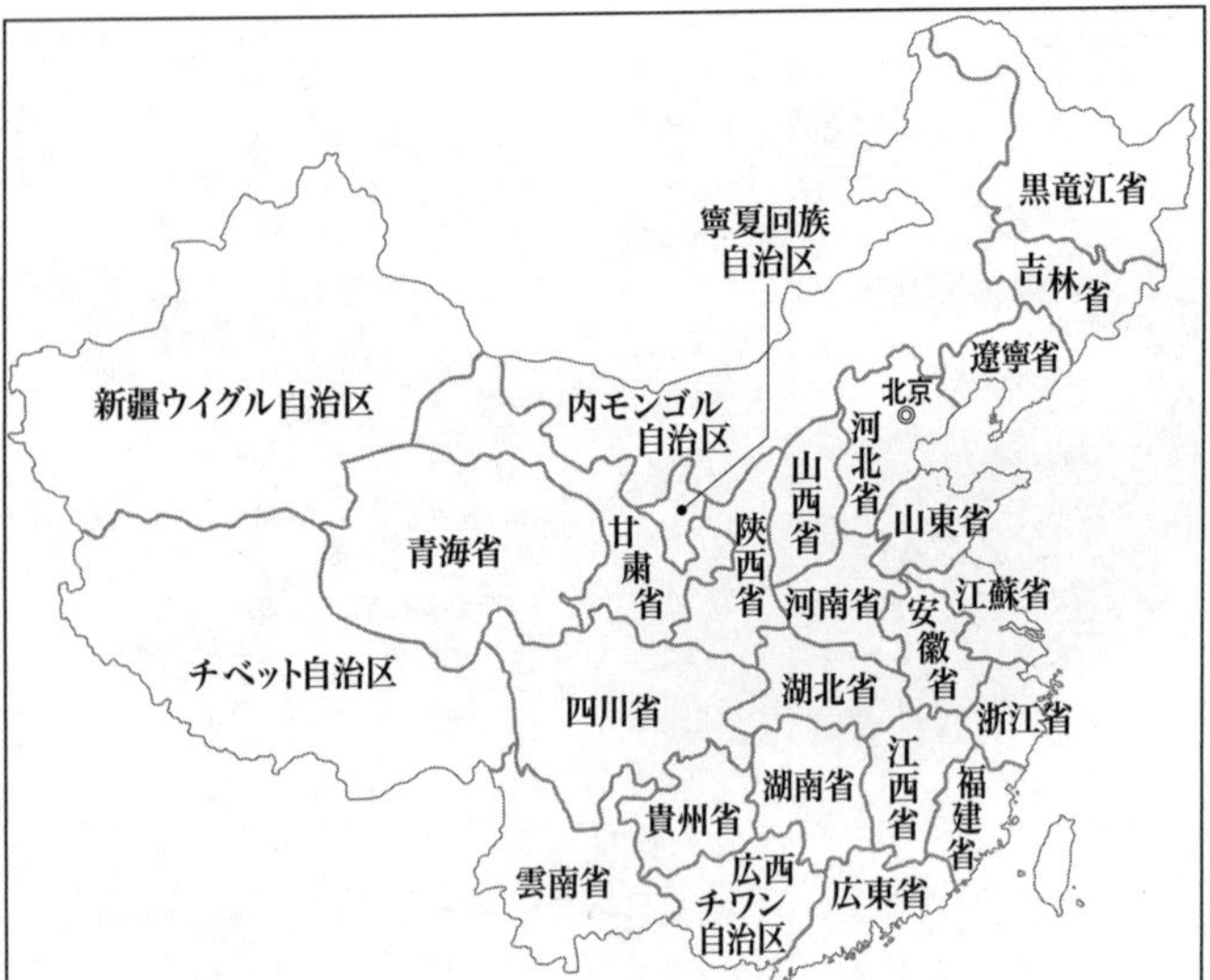

図 0-2　中国分省地図（海南省設置前）

序　章　人口史に何を聴くのか

人口の原理

一七九八年、匿名の著者による小冊子がロンドンで出版された。タイトルを直訳すると

人口の原理に関するエッセー——それは将来の社会の改善に影響するために、ゴドウィン氏、コンドルセ氏、および他の著述家の憶測にふれながら——

副題の「それ」とは、「人口の原理」を指している。

この小冊子は出版されると話題となり、一八〇三年にデータを補充し、議論を詳細にした第二版が出版されたときに、著者の名が明かされた。その名は、トマス＝ロバート＝マルサス。その後、第六版まで刊行されるが、人口学の扉を開いたのは、一八世紀末に刊行された初版である。

この著作が人口史の古典とされる理由は、シンプルな公準(原文 postulata)とシンプルな命題を提示し、そこから演繹的に社会を論じているところにある。なお公準とは、その他の命題を導き出すための前提として導入される、最も基本的な仮定のことである。

マルサスが提示した公準は、次の二つである。

一、食糧は人間の存在に、欠かすことができない。

二、両性のあいだの情動は必須であり、ほとんど現状のまま存続しつづける。

単純化すると、人間が動物である以上は、食欲と性欲とを欠かすことはできない、ということになる。食糧がなければ個体としてのヒトは生存できないし、性欲がなければ種としてのヒトは絶滅する。

この公準から、有名な「何の抑制もなければ人口は、等比級数的(geometrical)に増加するのに対して、人間の生活物資の増え方は等差級数的(arithmetical)である」という命題が導き出される。直訳すると、人口は「幾何平均的」に増えるのに対し、食糧は「算術平均的」にしか増えないということになる。

マルサスが人口を考察した動機は、次のようなものであった。当時のイングランドでは、貧困と悪徳が深刻な社会問題として認識されていた。これらの問題に対して、解決の道筋を見出すためには、根本的な原因を明らかにする必要がある。そして、生物としての人間にまでさかのぼって議論を始める必要があると、マルサスは考えたのである。なお、マルサスのいう「悪徳」とは、十戒にも記された「姦淫」、すなわち具体的には、生殖に結びつかない、快楽を目的とする性行為である。当時の社会問題としては、売買春ということになる。

彼が提示する処方箋は、副題に名指しされているゴドウィンの社会主義的な施策、コンドルセの福祉国家的な政策でもなく、またアダム＝スミスの自由主義経済でもない。国内の農業を振興して食糧を増産する一方で、ある程度の貧困層が存在することを容認することで、人口増加を抑制すべきだ、ということになる。

のちに社会主義者からも、福祉を重視する立場からも、また自由貿易主義者からも、マルサスが批判されるのは、貧困を社会政策で救済することを否定したところに起因する。しかし、マルサスが副牧師でもあったところから考えると、貧困ではなく悪徳を、人口論の課題に位置づけていたことは確実である。聖書にもあるように、「貧しい人々は、幸いである」のだから。

政策論ではなく人口の歴史を考察する際には、彼が提示した公準と命題とは、いまも有用であろう。食糧と人口の関係については、生産量だけではなく、季節的変動や食糧流通などのテーマが、浮かび上がってくる。また、出産率と人口の関係については、未婚率・婚姻年齢・出産間隔・避妊・合計出生率・嬰児殺し・幼児死亡率などの人口学のテーマが、演繹されてくる。

マルサスの中国論

中国人口史を論じようとする本書の冒頭で、マルサスを取り上げたのには、理由がある。マルサスはイングランドの状況を、しばしば中国と対比しながら、論じているからである。当時、イギリスは中国を統治する清朝と交渉して、自由貿易の門戸を開こうとしていた。中国に関する具体的な情報が、英語の文献となって伝えられていた。その当時の最新の情報に基づいて、彼は中国の状況を記している。

マルサスの中国論を拾い読みしてみよう。

中国は世界でもっとも肥沃な国で、農業が盛んに行われている。

イングランドは家畜の糞で施肥しなければ農業は維持できないが、中国では肥料を与えなくても米の二期作ができる地域もある。イングランドには、そのような土地はない。

中国では、すべての土地がすでに耕作されており、生産量の大幅な増加は見込めない。

中国人のすべての階層で、早婚が一般的である。

中国の法律では、親自身による捨て子を認めている。

老いた両親の扶養は、息子の義務とされている。

中国では、労働の賃金はきわめて低い。社会の下層では、最小限の食糧で生活することに慣れている。平年の食糧生産量では、貧困層はかつかつの生活しかできず、凶年には飢饉になりやすい。

中国の人口は停滞的である。

中国は、その法律や制度の枠内で、長いあいだ栄えてきた。

マルサスの中国論は、彼なりの理念的な社会として語られている。恵まれた自然環境のもとで土地が限界まで耕作されているために、食糧が劇的に増える可能性はない。それにもかかわらず中国社会が維持され、繁栄を維持している理由は、貧困層が生存できる限界の生活水準に置かれ、さらに老人の扶養義務も負っているために、産み育てる子どもの数を抑制せざるを得ないため、人口は増加しない。

中国のように早婚であれば、売春宿に通うなどの悪徳も減るに違いない。イングランドが持続的な存続を求めるのであれば、中国のように貧困層の存在を認めるべきだ。他の著述家が提案する救貧法や高齢者扶養政策などは、採るべきではない。これがマルサスの見解であると思われる。

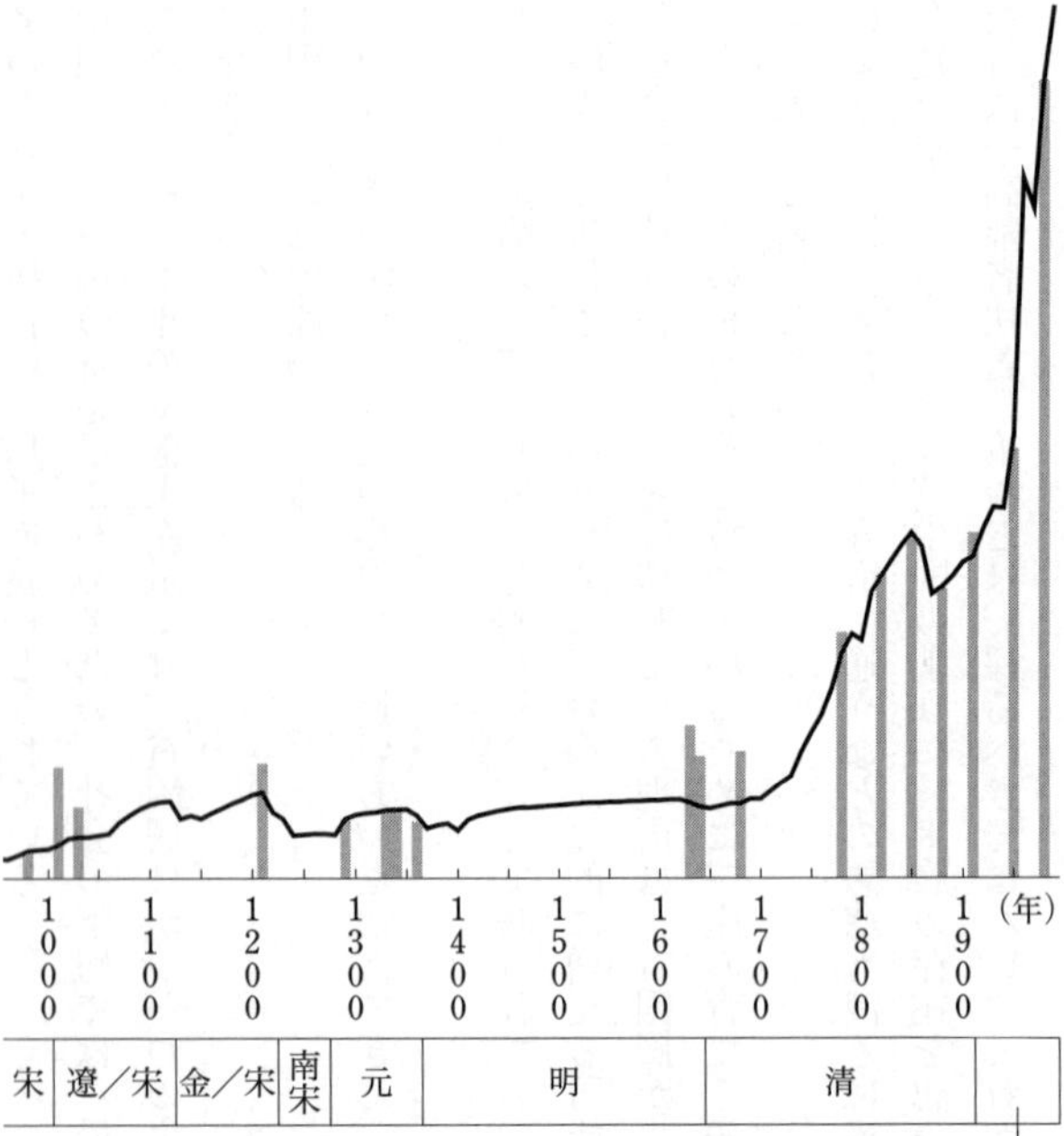

趙・謝(1988)推計／棒グラフ＝曹(2001)推計)

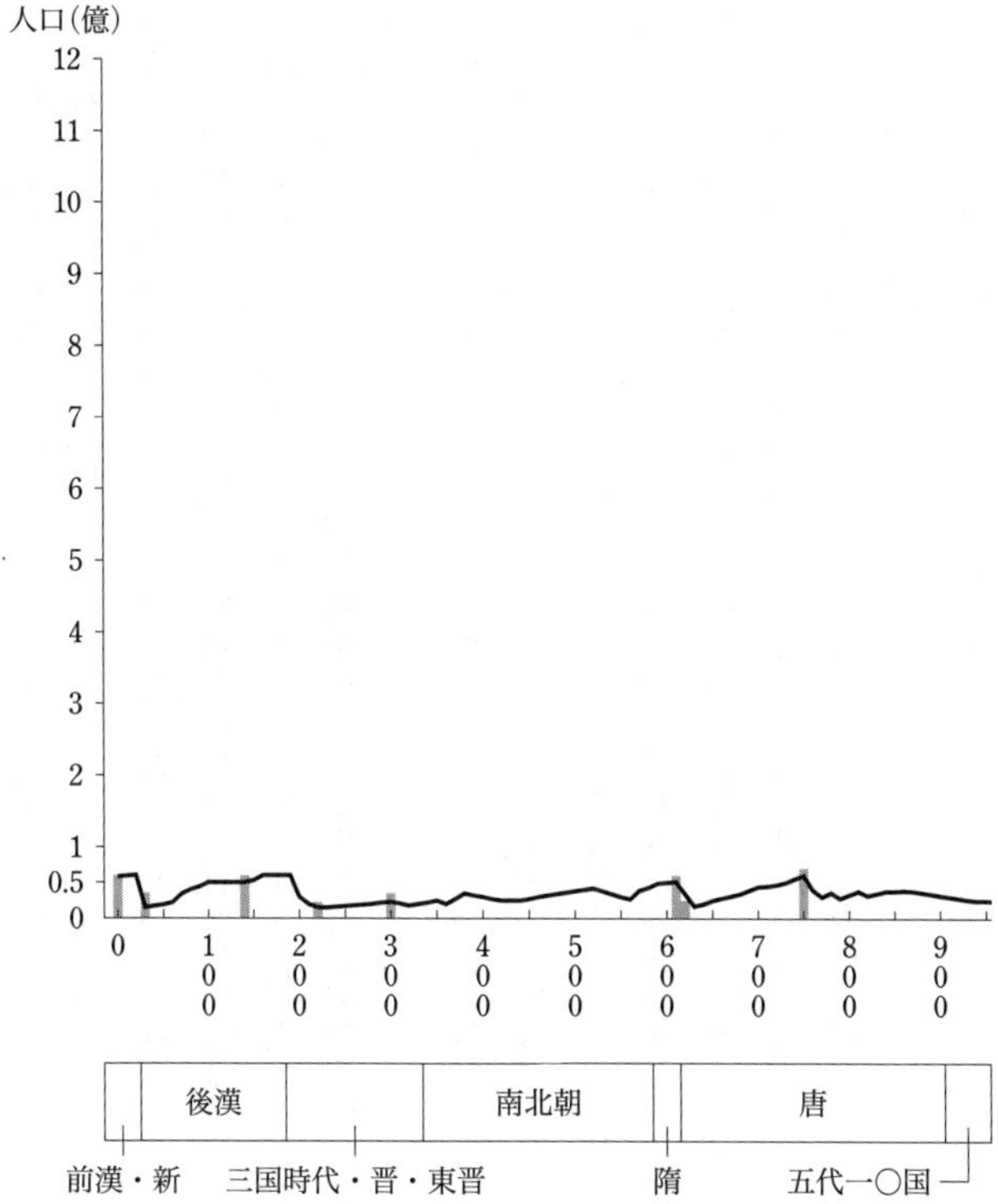

図 P-1　中国人口の趨勢(折れ線グラフ＝

人口論の初版が刊行された一八世紀末、中国の人口は、マルサスの言うように停滞していたのであろうか。

ここに示したグラフ（図P-1）を眺めていただきたい。折れ線グラフは趙・謝『中国人口史』、棒グラフは曹『中国人口史——清時期』に掲げられた数値に基づいて描いたものである。前者は各王朝の統計値に修正を加えて、人口の趨勢を示す。後者は、各時期の人口調査の方法が異なるため、比較的信頼できる統計値を選んで示す。各時期の数値の性格が異なるので、あえて線で結んでいない。

折れ線グラフと棒グラフとでは、相違はあるものの、一八世紀なかばに人口が急増していたことを、見て取ることができる。一八世紀末の中国の人口は、上り坂の途中に位置していた。一八世紀末の中国の人口は、けっして停滞的ではなかった。人口爆発ともいえそうな急増が清代に始まり、二一世紀まで続く。このような人口爆発が起きたのはなぜなのか。また、一八世紀以前の人口がせいぜい一億という水準に留まっていたのはなぜなのか。

本書では、あらためて中国の人口を、先史時代から人口急増後の一九世紀まで、たどっていく。二〇世紀以降については稿をあらため、巨大な人口を擁することになった中国を、近現代世界史のなかに位置づけることにしたい。

それではさっそく、マルサスが提示した公準に立ち返って、動物としての人間の特質という起点から、始めよう。

中国人口史とは何か

「中国人口史」を掘り下げると大見得を切ったが、その対象はいったい何なのだろうか。「日本人口史」を横目で見てみると、それは「日本列島に暮らす人々」が対象となっているようだ。海に囲まれた日本の場合、どこまでが日本の歴史の範囲なのか、という問題に、沖縄と北海道などの地域を除いて、あまり自覚的だったとはいえないだろう。

しかし、ことが中国となると、歴史地図を開いていただければ一目瞭然。中国史の範囲は時期によって異なっている。「中国を統一した」とされる王朝の版図を見比べてみただけでも、大きな違いがある。中国人口史の範囲は、このように日本人口史とは異なり、自明ではない。論じる人の責任で、その対象を限定する必要がある。

まず、「中国史」とは、何なのか。

中国の起源をどこに置くかという問いには、『史記』に記された三皇五帝の神話の時代に相当する新石器時代までさかのぼるのか、王朝という政治形態が始まった夏朝が起点となるか、文明の大枠が定まる周代なのか、秦の始皇帝が天下統一を成し遂げた時期なのか、いくつもの答えがあるが、少なくとも数千年の歴史を誇っている。

「中国人口史」の対象となる「中国人」は、どの範囲の人々なのか。「自分は漢族だ」と自任している人々なのか、中華人民共和国の国籍を有するモンゴル人やウイグル人なども含むのか、異なる政治制度のもとにある台湾が入るのか、あるいは海外に展開している華人も加えるのか、いくつもの考え方があるが、世界人口のおよそ五分の一を占めていることに変わりはない。

視点が異なれば、いくつかの「中国人口史」が並立できるが、本書では中国文明が包摂した人口を対象とすることにしたい。なぜなら、文明を対象とすることで、はじめてヒトという動物の「頭数」を調べる意義が生まれるからである。

「文明」という言葉には、語る人によってさまざまな定義が与えられているが、本書では次のように考えたい。ヒト(現生人類、学名 *Homo sapiens sapiens*)は、他の動物とは異なり、群の生息域の枠を越えて、他の群の生息域とのあいだでモノを授受している。ヒトは交易を行う動物である。ヒトの歴史のなかで、ある時期から社会のなかで交易を専門とする人々が現れる。このとき、「文明」が始まる。

ヒト以外の動物は、生息域の生態系の許容範囲を超えて、増え続けることはない。草とウサギとキツネのたとえでは、ウサギが増えると、ウサギを捕食するキツネが増える。そのためにウサギの数は、増え続けられない。ウサギが減って、獲物が得られなくなったキツネが少なくなると、ウサギは再び増加するかもしれない。しかし、今度は草の生長量が、その個体数を制限する。

このプロセスを、縦軸をウサギの個体数、横軸を経過する時間とするグラフとして描いてみると、最初の内は指数関数的に右肩上がりに増加するが、やがて増加率は低減して、一定の水準に留まり水平となる。このS字カーブは、ロジスティック曲線と呼ばれる。ウサギの個体数の初期値を、いろいろに設定しても、最終的にはほぼ同じ範囲で個体数は収まってしまう。

ウサギの頭数は厳密に、マルサスの命題に規定されている。つまり「個体数は等比級数的に増加するのに対して、生存に必要な物資の増え方は等差級数的である」。そのために、急増したとしても、いずれ頭打ちになる。ヒト以外の動物については、生態系の収容能力を測れば、その個体数は予測がつき、あえて論じる必要はない。

ところがヒトだけは、生態系の許容量をはるかに超えて、増え続けることがある。それを可能にしているのが、生活圏としている生態系の外側からモノを運び込む「交易」であり、こうした交易を効率的に行う必要から生まれた「文明」なのである。文明の段階になってはじめて、人口を論じる意義が出てくるのである。

文明とは何か

文明はヒトの歴史のなかで、どのように現れたのだろうか。

ヒト（属名 *Homo*・種名 *sapiens*）の亜種（亜種名 *sapiens*）として生まれた現生人類は、アフリカ大陸で誕生した。石器を手にして狩猟と採取で糧を得ていたヒトの群は、人口が増えすぎたり、気候変動などで生息域の環境が劣化したりすると、もとの生息域を離れ、移動していた。

いまから六〜七万年ほどまえに、ごくわずかなヒトの群が、海水面が低下していた紅海を横断して、アラビア半島に渡った。ユーラシア大陸に渡った群の人口は、数百から数千であったと推定されている。

五万年から一万年ほどまえの時期の地球は、寒冷な氷期だった。気温が下がり、内陸では乾燥化が進み、森林が後退して草原や沙漠が拡がった。この厳しい環境のなかで、アフリカから出たばかりのヒトの群は、二つに分かれる。東に向かった群は、東地中海沿岸を経てヨーロッパに到達する。西に向かった群は、アラビア半島の西岸から南岸へ、そしてペルシア湾へと、魚介類を主な食糧として人口を増やしながら、生息域を拡げていった。このインド洋沿岸地帯が、ヒトの移動の回廊となった。

海岸沿いに西に進んだヒトは、インド亜大陸へと広がり、インド洋の沿海地帯からは、メソポタミアを経てユーラシア内陸へと生息域を広げる一方で、シナ海域沿岸を北上して現在の中国の領域に到達した群もあった。四〜五万年前に、現在の中国北部に到達した。旧石器時代のヒトは、人口が増え、生息域の環境の許容できなくなると、新天地をもとめて移動していた。氷期に拡がっていた草原で、ヒトは群の力で大型動物を狩ることができた。一頭を仕留めれば、狩りに参加したヒトの群を養える。ところが一万年ほどまえ氷期が終わり、気候が温暖化すると、ヒトは困難に直面する。草原が樹林に変わり、大きな獲物が少なくなる。ヒトの群はその人口を養うために、生態系が許容する量を超えて、動物を狩った。多くの地域で食糧となっていた動物が絶滅し、活きる糧を失ったヒトの群は、生存の危機に直面した。旧石器時代の終焉である。

危機的な状況のなかで、ヒトは農業と遊牧という活路を探り当てた。用いる道具も、自然石を打ち欠いて作製された旧石器から、磨き上げてかたちをととのえた新石器へと変化する。

農業をはじめたヒトは、定住して生活するようになる。一方、遊牧をはじめたヒトは、家畜を追いながら一定の区域を季節に合わせて巡回するようになる。農業や遊牧には、多くのヒトの協働が求められる。この必要に応ずるために、大きな人口を擁する集団が現れ、その集団が暮らす生活圏が画されるようになった。

生活圏が定まると、交易の仕組みを発展させ、圏内では入手できないモノを効率的に獲得する必要が生じただろう。この必要に応じるように、集団のなかで交易の専従者が現れた。

交易に専従する人々は、やりとりされるモノの数や量を計るために算術を生み出し、取引する日時を定めるために暦を編み出す。生活圏の外側から効率的にモノを集めるため、交易の拠点が巨大化する。直接に面識できる水準を超えて、集団が大きくなると、全体を統制するために象徴が用いられるようになる。象徴を操るために儀礼が整えられ、儀礼を行う空間が建てられる。巨大なヒトの集団は、儀礼的空間を中心にした集落へと発展する。

本書では、こうした集落がユーラシア大陸の東部「東ユーラシア」の片隅で生まれた時期を、中国文明の黎明期ととらえ、中国人口史をそこから語り始めることにしよう。

サイクルで見る中国史

これまでの日本の東洋史学の問題点の一つは、王朝ごとの断代史を束ねて「中国史」として事足りたとしてきたことである。それぞれの王朝ごとに専門家が養成され、先史時代から現代までを通観する研究者は、なかなか現れてこない。私自身も明清史の枠組みのなかで専門の路に入ったのであるが、生態環境史（エコロジカル・ヒストリー）をテーマとして研究に取り組んだときに、生態系の変遷は王朝では時代区分することができないことに気づき、中国史を通して見通す視点を模索した。

岩波書店から出版した拙著『森と緑の中国史——エコロジカル－ヒストリーの試み』では、

王朝史と生態環境史とを統合して、中国の歴史をサイクルとしてとらえる時代区分を提示した。一つのサイクルのなかで、文明が次のようなステップを踏んで変化するという仮説である。

合⇓散⇓離⇓集⇓合……

これは、四字熟語「離合集散」の順番を入れ替えたもので、「合散離集の中国文明サイクル」と呼んでおきたい。二〇年以上も前に提示した仮説であるが、特に批判も賛同もなく今にいたっている。しかし、中国史を人口の視点から通観するときに、あらためて埃を払ってこの仮説を持ち出してみたい。

生態環境史と人口史とは、認知心理学における「図」と「地」との関係にある。人はものを認知するときに、注視する対象をその背景から浮き上がらせてから知覚する。注視する対象を「図」として、背景を「地」と呼ぶ。この図と地の関係は、注視する対象を変えることで、それまで地であったものが浮かび上がって図となり、図であったものが退いて地となる。

心理学の概説書などに掲げられている「ルビンの杯と顔」を見て、読者諸氏もこの反転を経験したことがあると思う。宮崎駿のマンガ『風の谷のナウシカ』を読んだ方は、最初は風の谷が図で腐海が地であったものが、読み進めていくうちに腐海が図となり、人間界が地と反転することを想起してもらいたい。

前著は生態環境史を図として、王朝史を地と位置づけて、中国史を先史時代から現代まで通観しようとしたものであった。それに対して、本書は視点を反転させ、王朝史を図として、生態環境史を地としようとする試みでもある。

合散離集の中国人口史

文明はその外部には、異なる生態環境に順応している文化が存在している。文明は外部の文化に影響を与え、周辺の文化の側も文明の中心に向かって働きかける。すると文明の仕組みは、新しい要素を加えなければならず、しだいに揺らぎはじめ、その揺らぎがある水準を超えると、文明の社会を統合する力が弱くなり、新しい文化を含み込んだ新たな文明の萌芽が生まれる。

その過程は同時代を生きた人々にはなかなか見通せないものであるから、試行錯誤の連続で混乱は長く、さまざまな仕組みの可能性が生まれては流血とともに消え去った。苦しみのなかから新たに選び出された文明は、以前のものに比べると、より広範な文化を包摂し、より多様な生態環境に適応することになる。しかし、その文明もやがてその外部の文化を担う人々の影響を受け、揺らぎはじめることが運命づけられていた。

一つの文明が安定している段階を「合」、しだいに揺らぎはじめ、文明の求心力が失われる段階を「散」、揺らぎのなかから新しい文明の可能性が複数生まれ、それぞれの可能性を担うもののあいだで優位性をめぐって争われる段階を「離」、最後に一つの可能性が生き残って全体を統合する段階を「集」と呼ぶ。この「合散離集」で整理すると、中国史はわかりやすくなる。

本書の構成を、合散離集サイクルとの関連で整理すると、次のようになる。

第一章では、中国文明が形成される先史時代を、先史サイクルとして位置づけ、「中国」という枠組みが意識される周代から漢代までを、合散離集の第一サイクルとして扱う。

第二章は、後漢代の後半に人口を正確には捉えられなくなる時期から、話をはじめる。西北から遊牧系の民族が現れ、中国文明のなかに参入しはじめるのも、この時代である。分離した状況を、隋・唐朝が新たな枠組みで統合する。この約五〇〇年間を、第二サイクルとして描く。さらに第三サイクルとして、安史の乱にはじまる分散の時代、北に遼・金朝、南に宋朝と分離した時代を経て、モンゴル帝国の盟主である元朝が、ユーラシアの枠組みに中国を組み込むまでを論じることになる。

ここまで東アジアを舞台に展開していた中国人口史は、以後、東ユーラシアというより大きな世界のなかで進む。第三章では、東ユーラシア・ステージの舞台上で展開する合散離集サイクルを見ていく。ここでも、東ユーラシアの西北に元朝が退いて成立させた北元、東南には漢族が建てた明朝が分離・分立する時期を過ぎ、東北から満洲族が建てた清朝が勃興し、東ユーラシアの大陸部を統合する。この清朝のもとで、人口統計が転換する。

一八世紀には、それまで約一億ほどであった人口が、その世紀の終わりには四億程度に急増する。マルサスの予測を裏切って、中国の人口の増加が持続する。第四章ではこの人口爆発の様相を紹介し、第五章では歴史人口学的な方法を用い、ミクロレベルで人口爆発の要因を探ってみたい。史料にさかのぼって、詳しく論じることになろう。

第六章では、一九世紀後半に起きた、太平天国などの叛乱とその後の時代を、人口との関連で俯瞰することになる。

第一章　人口史の始まり
――先史時代から紀元後二世紀まで

中国古代の人口

ユーラシア大陸の中央部には、東北のモンゴル高原からチベット高原を経て、西南のインド亜大陸のデカン高原にいたるまで、乾燥地帯から連なっている。この乾燥地帯から東側が、「東ユーラシア」の範囲である。

東ユーラシアの一角で、一つの文明が生まれる。これを現在の視点に立って、「中国文明」と呼んでおこう。この章では人口に関するデータのない時代を扱うこととなり、読者には茫漠としたイメージにお付き合いいただくことになろう。とはいうものの、古代の概略を紹介することで、中国人口史の対象となる人々のまとまりが、どのようにして歴史のなかに姿を現すか、その道筋を明らかにすることができる。

東ユーラシアの大河「黄河」は、チベット高原東北部の源流から、北流してから向きを東に転じ、南に降ってから再び東に流れる。この東流した黄河が形成した平野部は、史書で「中原」と記される。この中原の一角で人々が集住しはじめた時代、実在と伝説とのはざまにある夏朝、実在が確認される商朝から周代までの人口とは、城壁で囲まれた「邑」に暮らす人々の数であった。邑のなかの人々が、中国文明を構成していたのである。

邑の城門を出て歩き出すと、しばらくのあいだは人の手の加わった畑作地が広がっていただろう。人家はなく、人々は昼には邑を出て耕作にいそしみ、夕暮れ時には城門をくぐって邑で夜を過ごす。耕作地のさらに先には、ナラガシワ（槲櫟、学名 *Quercus aliena*）やカシワ（槲樹、学名 *Quercus dentata*）などの樹木からなる暖温帯落葉広葉樹の丘陵や、マンシュウクロマツ（油松、学名 *Pinus tabulaeformis*）などが繁る温性針葉樹林の森に覆われた山が連なり、山からは渓流が流れ出し、低地には水鳥が群れる湿地が広がっていた。この山林叢沢には、文明には浴さずに、自然に即して生きる異人たちが住んでいた。邑の人々は異人たちを恐れてはいたが、自然界から必要な物資を手に入れるためには、彼らの知恵と技を必要とした。

春秋から戦国の時代になると、文明の範囲は中原から南や西に広がる。秦嶺山脈と淮河とを結ぶ線をはさんで、気候は大きく異なる。この秦嶺淮河線の北は、乾燥した内陸からの偏西風に支配されて降水量が少ない。これに対して、南では春から初夏に梅雨が降り、湿潤な気候となる。

秦嶺淮河線を越えて南に及んだ文明は、長江の中・下流域で楚・呉・越といった国々を誕生させた。長江流域は中原と異なる常緑広葉樹の暗く深い森で覆われていた。ナンボク（楠木、学名 *Phoebe* 属）の巨木が樹冠を突き抜けて、偉容を誇っていた。こうした生態環境は、独自の文化を育んだ。ここで生まれた国々は、中原の文明をアレンジしながら取り込んでいった。西に広がった文明は、秦・趙などの国々を勃興させた。中原から見て西北域には、遊牧を営んでいた人々が暮らしていた。遊牧民と対峙しながら育った国々は、遊牧民の文化を吸収しながら中原の文明を鍛え上げた。

国々は互いに競い合うなかで、その地の異人たちを取り込むことで国力を増そうと努めた。その結果、文明は「邑」という点から、「国」という面へと広がり、それぞれの地の自然に即していた異人たちの文化を取り込みながら、各国で個性的な文明をかたち作ったのである。文明の黎明期から戦国時代まで、人口史の基礎となる記録は、まったく残されていない。発掘された遺跡の調査に基づいて、考古学的な手法で推定するしか手立てはないのである。

秦の始皇帝は戦国時代に形成された領域的な国々を統一し、王朝がその版図の内に暮らす人々を、「人民」として支配する体制を造った。こうして「一君万民」的な体制が生まれた。日本の東洋史学界で、「個別人身的支配」と堅苦しい用語で語られる専制政治体制である。王朝は課税したり、労働力を供出させるために、支配する人民の数を把握する必要に迫られて統計を取るようになる。

世帯を基礎とする「戸」ごとに、家族の人数に相当する「口」のデータを集める。「戸」といっても核家族ではない。地域や時期によって、その家族構成は異なっていただろう。「口」には兵士や土木工事にかり出される成年男子を中核として、子どもや老人、女性も含まれることもあるし、漏れ落ちることもあった。しかし、前漢から後漢の時代には、その精度はともかくとして、いくつもの戸と口の統計が編纂された。こうして私たちは、人口を推定する根拠となる数値を得られるようになった。

中国古代の人口史とは、「戸口統計」が後世に残るようになるまでの歴史ということになる。戸口統計は領域内の住民の数ではなく、王朝が必要に迫られて把握できた人民の数だということを、頭にとどめておこう。

本章の概略は、以上。中国文明が誕生するまでの過程を、これから述べていこう。

中国文明の黎明期

新石器時代にいくつかの異なる系統の大集落が、現在の中国の領域で現れる。いまから八〇〇〇年ほどまえに、黄河の中領域ではアワ・キビ・マメなどを栽培しはじめる。長江下流域では水田稲作がはじまった。こうした農業に支えられて、七〇〇〇年ほどまえになると、数百人ほどの人口を擁する集落が現れた。また、遼河流域でも少し遅れて、大規模な集落が現れる。

五〇〇〇年ほど前には、これら三つの系統はたがいに交流するようになり、共通する文化要素をもつ広域の交易圏が形成されるようになった。

紀元前二二〇〇年ころに、黄河下流域・遼東半島・長江流域で、大きな集落が成立する。これらの集落の遺跡からは、黒陶(漆黒色で薄手の磨研土器)が出土する。こうした古代集落の遺跡が最初に発見された場所が、山東省竜山鎮であったので、その文化は「竜山文化」と名づけられた。竜山期の集落は城郭で囲まれており、歴史家は「邑」と呼ぶ。中国文明の黎明期である。

大集落は黄河の中・下流域「中原」で、さらに巨大化していく。その一つが二里頭遺跡。この遺跡は四期に区分されている。第一期(前一九世紀から前一八世紀)と第二期(前一七世紀初頭〜一七世紀末)は、新石器時代と考えられている。第三期(前一六世紀前半)、第四期(前一六世紀後半)には、青銅器が製造されており、青銅器時代に属する。

第三期になると、二里頭文化の範囲は河南省中部・西部および山西省南部の汾河流域にまで広がった。さらにその影響は、陝西省西部や長江中流域にも及んだ。遠隔地を結ぶ大規模な交易が行われるようになった。二里頭の集落はますます巨大化し、二つの宮殿が建てられた。考古学者が一号宮殿とする広場は、日本の小学校の標準的な校庭より少し狭いぐらい。一〇〇〇人以上を収容できる広さであった。二里頭文化の第三期・第四期はまさに、文明の域に達しているということができよう。中国の学界ではこの文明が、『史記』に記されている「夏」であったとしているが、遺跡から文字が出土していないために、「夏朝」と断定することはできない。

前二一世紀ごろに中原で確立した文明は、どれほどの人口を擁していたのだろうか。

かなり時代が下った時代に、禹が建てた夏朝の人口を記した人物がいる。その名は皇甫謐《こうほひつ》。彼は三国時代に生まれ、晋代に多くの著作をものした。本の虫であったようで、曽祖父は後漢の武将として知られていたが、本人は仕官もせず読書に明け暮れていたという。

古くから伝わる緯書などを参考に、皇甫は『帝王世紀』を著した。緯書とは儒教の経典に付託して、禍福・吉凶・祥瑞・予言を記した書物で、前漢末に作成されたが、禁書となって逸文のみ今日に伝わる。『帝王世紀』自体も散逸しているが、『後漢書』「郡国志」の註に引用された部分で、禹の時代の人口が記されている。それによると、禹が中原を悩ませた洪水を治めて九州を画定したとき、その「口」数は、

一三五五万三九二三人

であったという。

この数字は、当然のことながら、信用することはできない。なにしろ緯書は、夏朝があった

とされる時期よりも、一五〇〇年もあとに編纂されたものである。中国文明の黎明期に、人口を記した記録は残っていない。発掘された遺跡の状況から、当時の人口を推定することになる。

夏朝があったとされる時代、二里頭遺跡を除き、他の集落の規模は人口三〇〇から三〇〇〇程度と規模は小さいが、城郭の外に同時期の居住の跡が発掘されている。一〇〇〇から一万七〇〇〇程度の中規模の多くの邑と、二里頭の巨大な邑という、階層が生まれたと考えられる。夏商文明史をまとめた宋鎮豪は、夏朝期に約一八〇〇の邑が存在したとして、中国文明に属していた人口を二七〇万人程度と見積もっている。邑の数は未発見のものも含んだもので根拠薄弱、総人口もまた想像の域を超えるものではない。一つの参考値として、置いておくのがよいだろう。

新石器時代の中原の景観は、おそらく樹林や湖沼のあいだに、城郭で囲まれた邑が点在しているというものであっただろう。夏代とされる時期になっても、城郭の周辺にはアワなどを栽培する耕地も拓かれてはいたが、その外にはやはり森林や湿地が広がっていた。

山林叢沢は無人であったわけではなく、文明には属さず、自然とともに生きる人々が住んでいたはずである。黎明期の文明は、領域を支配していたのではない。文明にまつわらない異人への恐れが、集落を城壁で囲う動機となったのだろう。こうした人々は、人口に算入されていない。

商代の人口

日本の歴史教育で「殷代」とされる時代は、中国の学界では「商代」と記載される。殷という名称は、この王朝の後期に都を置いた河南省安陽が、「殷」と呼ばれていたからで、王朝名ではない。王朝後期の都の遺跡が「殷墟」であって、王朝全体の呼称にはふさわしくないかもしれない。本書では中国学界を見習って、「商代」としておこう。商朝は前一六〇〇年ごろに確立し、史書によれば一三回にわたって遷都した。青銅器がこの王朝を特色づける。

商朝はそれ以前の無文字の時代とは異なり、占いに用いられた甲骨に刻まれた文字資料から、さまざまな情報を得ることができる。たとえば甲骨文字で「喪衆」「不喪衆」「喪工」と記されたものが少なくない。「以人八千、在馭。□喪馭衆」などとあるものは、馭という土地で、八〇〇〇もの王朝の人口が、災害や戦乱、あるいは失政のために流出するか否かを問うたものだと、考えられている。

また商代後期の甲骨文に、

八日辛亥允戈、伐二千六百五十六人

とあるものは、打ち倒した敵の人数を記載したもの。人数の桁としては、一〇から万までの甲骨文が確認されている。邑が操作する人口の規模が、夏朝の数千から商朝では数万へと増えたと想像される。

また、考古学的な発掘から、ミクロの人口史を構想することも可能かもしれない。商代の邑の立地と規模との関係をみると、興味深いことが明らかとなる。中原の中心部に位置する邑は、相対的に小さく、人口は数千。ところが山西や湖北など、中原から離れたところに位置する邑は、規模が大きく推定人口が数万に達するものも散見される。商代の社会は、中原の中核部、つまり商王が都とする王邑の近隣では、王が直接に統制する小邑が点在し、中原の周辺部には自律的な大邑が存立していた。商王と大邑の首長は、血縁で結ばれ、青銅器の授受を通して儀礼的な秩序がかたち作られていたと考えられる。

王邑の人口は、遺跡の規模や墳墓の数などから推定される。河南省の偃師《えんし》商城で発掘された初期の王邑の人口は五・五万、鄭州の早期の王邑は八万、後期の殷墟では一四・六万となる。甲骨文には国レベルの大邑が五一地点、それよりも地位が低い伯が封じられた大邑四〇地点を確認することができる。仮に大邑の人口を二万とすると、全体で一九〇万人程度とみることができる。これに王邑および大邑に服属する小邑の人口の推定数を加算すると、商代初期の総人口は四〇〇万から四五〇万程度、後期の人口は七八〇万人ほどとなる。

商代における死亡年齢

商代後期の王邑であった殷墟からは、これまで六〇〇〇あまりの墳墓が発掘されている。とくに平民が埋葬されていると思われる中小の墳墓から発掘された人骨について、性別や年齢が鑑定されている(表1-1)。

鑑定結果に基づいて計算してみると、平均の死亡年齢は三五歳となる。嬰児・幼児が埋葬されておらず、この平均死亡年齢には反映されていない。前近代の社会では幼児死亡率がきわめて高いことを勘案すると、当時の平均寿命はきわめて低かったと考えられる。また、河北省磁

51歳以上		総個体数	
男	女	男	女
55± 60± 55〜60 55± 60± 55〜60 50〜55	50〜55		
		82	
7	1	53	29
8.54	1.22	64.63	35.37
700		183	

(宋(1994))

表 1-1　殷墟墓葬状況

年　齢	15～25 歳		26～35 歳		36～44 歳		45～50 歳	
性　別	男	女	男	女	男	女	男	女
個体の年齢鑑定値	20～25	20～25	25～30	25～30	40～45	35～40	45±	40～50
	20±	20±	30～35	25～30	35～40	40～45	50±	
	20～25	17～18	35±	35±	35～40	40±	50±	
	20±	18～20	25～30	25～30	35～40	40±	45±	
	20～25	20～25	30～35	35±	40±	40±	50±	
	15～20	20～22	30～35	30±	35～40	40～45	45±	
	20～25	14～15	30～35	25～30	40±	40±		
	25±	22～25	30±		40～45			
	25−	20～22	25～35		40±			
	25±	20～25	30±		40±			
		15～18	30±		35～40			
		20～25	25～30		40～45			
		25±	25～30		40±			
			25～30		40±			
					35～40			
					35～40			
人　数	10	13	14	7	16	7	6	1
人数／総個体数率（%）	12.20	15.85	17.07	8.54	19.51	8.54	7.32	1.22
男／女比（%）	77		200		229		600	

県下七垣で発掘された商代の墳墓から年齢が確定できる一四体の人骨では、平均死亡年齢は二九・九歳であった。二つの墓葬からの比較だけでは心許ないが、小邑に比して王邑の死亡年齢の方が高かったと推定される。生活環境は、王邑の方が小邑よりも恵まれていたと思われる。

男女比についてみると、二五歳以下の若年層では女性の比率が高いが、二六歳以上となると圧倒的に男性が多い。出産で死亡する女性が多く、女性の平均寿命が低くなったとも考えられる。ただし、商代にどのような条件を満たした死者が墓地に埋葬されるのかは、明らかにされておらず、埋葬者の性比が社会の性比を反映しているとは限らない。

周代の社会

商朝の勢力圏の西、現在の陝西省の中部に広がる渭水盆地、歴史では関中盆地と呼ばれる地には、はるか西方のタクラマカン沙漠で巻き上がった黄砂が偏西風に乗って運ばれ、厚く堆積した。荒い粒子は途中でふるい落とされ、砂よりも細かく、粘土よりも大きなシルトが地層を形成する。「黄土高原」と呼ばれる大地である。

いまは切り立った崖で寸断されてはいるが、商代にはまだ浸食が進んでおらず、「周原」と呼ばれる沃野が広がっていた。ここで勢力を伸ばした周は、前一一世紀に商に取って代わり、新たな王朝を建てた。都を関中盆地に置き、鎬京《こうけい》と称した。周朝もまた、商朝と同じく邑を単位とした文明である。

　商を滅ぼした周王は、抵抗する可能性のない在地の有力者を、以前と同様に邑の首長に任命した。しかし、抵抗する可能性のある人々は、黄河が関中盆地を出て華北平野に流出したところ、現在の洛陽の地で新たに増幅した洛邑に、強制的に移住させた。この政策は邑の指導者層と在地勢力との関係を断ち、抵抗勢力を監視することが目的だとされる。

　多くの人々を強制移住させることを、中国語で「徙民《しみん》」という。この熟語は、中国史のなかで繰り返し現れる重要な単語。現在でも三峡ダム建設や都市再開発などで徙民政策は実施されている。一方、日本では「移民（移る人民）」という移動する人が主語となる言葉は、広く用いられているが、移動させられた人が目的語となる「徙民（人民を移す）」は熟語として定着していない。この違いは中国の政権と人民との関係が、日本のそれとは根本的に異なっていることを示している。

　徙民の対象となった邑や、あらたに勢力圏に収めた邑に、周は王の一族や功臣を封じて支配させた。周朝の王室の姓は「姫《き》」。『春秋左氏伝』僖公二四年の条に、前六三〇年ごろの姫姓の諸侯が掲げられている。それをみると周が功臣などを封じた邑は、東は山東半島付け根の斉、北は現在の北京あたりの燕、南は湖北省の随にまで広がっている。現在の山東省・河南省・陝西省・山西省である。なおこの書物は、孔子が編纂したとされる『春秋』に対する注釈書であるが、成立時期については議論がある。

大邑の支配を委ねられた諸侯は、その一族や臣下に小邑を統治させた。商朝では氏族の紐帯で秩序を作ったのに対して、血縁に頼らない人と人の関係に基づいて体制を築いたために、周の勢力圏は前代と比べて、格段に広くなる。

もとは無縁の人のあいだに秩序をどう作るか。周朝はその課題を、親族関係をモデルとして社会の序列を定めることで解決した。この序列の作り方を抽象化し、理論化したのが、孔子が創始した儒教ということになる。

このころに「中国」という言葉が、登場する。前一〇世紀ごろ周の時代に唱われていた歌謡が、のちに編纂された『詩経』のなかに登場する。周朝の都を褒め称えた歌謡の最初の一節について、原文と私の意訳を併記しよう。

民亦労止　　人民の苦労は甚だしいので、
汔可小康　　少しはゆとりを持たせよう。
恵此中國、　この「中国」をいつくしむとともに、
以綏四方　　四方との関係を安定させよう。
無縦詭随　　こびへつらいには従わず、

以謹無良　良からぬものは遠ざけよう。
式遏寇虐　残虐なもの、
憯不畏明、「文明」に敬意を懐かないものを退けよう。
柔遠能邇　遠方の国に対しては、懐柔して引き寄せて、
以定我王　わが王を安定させようではないか。

この歌謡は『詩経』「大雅」に収められている。「大雅」とは、周の王室の儀式の場で唱われた歌謡を集めたもので、この王朝の歴史や理念を反映している。

この当時、「国(國)」はその漢字のかたちにも示されているように、城郭で囲われた大邑で、そこに周王を頂点とする支配者層が人民とともに暮らしていた。城郭のなかには、行政を担った役人や交易に従事する商人などとともに、農民も日中になると城門を出て、近隣の耕地で農作業にいそしみ、日暮れどきに城内に戻る生活を送っていた。城郭集落の住民の生業の場とを合わせた範囲が、「中国《なかつくに》」である。

邑の領域の外には、山林藪沢が広がっていた。そこでは商代と同じように、周の「明かり」つまり文明にあずからない異人が息づいていた。「中国」の外側に広がる豊かな自然は、儀式に必要な野生動物を狩猟する場でもあったため、邑に住む王侯は異人と共存することが求めら

れていた。

この歌謡にみられる文言「不畏明」を、「文明を畏れない」と解釈した。それでは周の時代の文明とは、どのようなものだったのだろうか。

周は大邑の連合体であった。国のなかでは城壁で囲まれた集落の中心に、当主の祖先を祭る宗廟と、土地の神(社)と五穀の神(稷《しょく》)とを祀る社稷とが置かれ、周王から下賜された青銅器などを用いて儀式が行われた。こうした儀式に参加することで、人々のあいだの序列が定まり、社会の秩序が整えられたのである。

「明を畏れない」人々、つまり文明に浴しない民族は、力を競い合い、強いものが弱いものを従えるといった未開な状態に置かれていると、周の人は考えた。異なる文化をもつ民族は、東のものは夷《い》、西は戎《じゅう》、南は蛮《ばん》、北は狄《てき》と呼ばれた。

周代の人口

周朝も前代の商朝と同じように、邑の連合体という体制をとっていた。王室の一族や功臣を諸侯として各地の大邑に封じて政治を委ね、諸侯もその家臣を勢力圏内の中小の邑に送り込んだ。重層的な邑の連合体では、それぞれの邑の人口を王室に報告するという義務もなければ、必要もなかった。そのために、人口統計といったものは存在しない。

さらに、商代と比べ周朝の地理的な範囲は格段に広く、邑の数も多く、また規模も大小まちまちであった。偶然に発掘された考古学的な情報に基づいて人口を推定することも、ほぼ不可能だと言っていいだろう。

周朝の社会秩序を儒教が理想化したこともあって、戦国時代から漢代にかけて、周に仮託された書物が多く作られる。中国の歴史研究者はこうした書物の記載に基づいて、周代を論じるところが多い。たとえば焦培民は次のような根拠で周代の人口を推定している。

成立時期がはっきりと分からない『逸周書』「世俘解」に、周の武王が九九の国を討伐して斬首にしたり捕虜にしたりしたものが合わせて四〇万人あまりであったとあるところから、当時の一国あたりの人口を三〇〇〇から五〇〇〇と見積もり、前一世紀に成立した『史記』「周本紀」に基づいて商と周のそれぞれが八〇〇国を味方にしたと推定して、商・周の国の数を合計して一六〇〇程度とする。こうした推定にさらに商・周にそれぞれ直属する人口を一〇万と見立てたうえで、周代の総人口を五四〇万人と計算する。

議論の起点となる書籍に記された人数にしても、どれほど実情を反映しているか不明であるし、『史記』が挙げる国の数にしても、伝承を書き留めた程度のものであろう。こうした根拠薄弱な数値を足したり掛け合わせて出される総人口は、ますますもってあてにはならない。歴史小説を構想するときなどに、参考にする程度にとどめておいた方がいいだろう。

中国で著された書籍では、しばしばこのように史書の記載を無批判に用いることがあり、中国人口史を読み解く際には、注意が必要である。

春秋時代

前七七〇年、西戎の一部族であった犬戎が、周の勢力圏に侵入し、首都の鎬京を陥落させた。周の王室は東の洛邑(現在の洛陽)に遷る。この事件をもって、中国の歴史叙述では西周から東周になったとされ、春秋と呼ばれる時代がここにはじまることになる。この時代になると、邑を単位とする社会体制は根底から変化しはじめる。その過程のなかで、文明の光に照らされるように、歴史の表舞台に異人たちや域外の人々が姿を現してくる。彼ら・彼女らは、のちに中国の人口に算入されることになる。

商代から周代にかけて、中国文明を構成する人々は、邑の住民だった。邑の外には山林叢沢がひろがり、異なる文化を持った人々が暮らしていた。異文化の人と邑の人とが、無関係だったわけではない。邑外の人々は自然を熟知していた。邑の民が開拓地を広げたり、燃料として樹木を伐採したりするときには、対立しただろうが、自然との付き合い方を邑外の民が伝授することもあっただろう。

『春秋左氏伝』は昭公二〇年(前五二二年)のこととして、現在の山東省にあった大国の斉で、宰相の晏嬰の次のような発言を記載している。

> 山林の木は衡鹿《こうろく》〔と呼ばれる民〕が見張り、沢の葦や蒲は舟鮫《しゅうこう》〔と呼ばれる民〕が見張り、樹林の薪や柴は虞候〔と呼ばれる民〕が見張り、海辺の塩や貝は祈望《きぼう》〔と呼ばれる民〕が見張っています。

周代には、儀礼を執り行うことが、社会秩序を保つために不可欠だった。儀礼には野生動物が犠牲として捧げられる。こうした犠牲獣を得ることを目的として王や諸侯が行う狩猟は、異文化の人の了解を得て行われた。春秋時代の後期になると、こうした異文化の人々は、邑を治める王・諸侯から役職が与えられ、邑の需要を満たすために自然を管理するようになる。やがて彼らは、中国文明のなかに取り込まれていく。

周朝の域外からも、文明の光に引き寄せられるように、文化を異にする人々が加わるようになった。長江の中流域にあった楚、下流域にあった呉、現在の浙江省から興り海洋を経て山東省にも勢力を広げた越などがそれに当たる。こうした新興勢力は、周の秩序づくりのノウハウを吸収し、周代初期からその秩序に属していた斉や晋などと、覇権を争うようになる。

南京市の周辺では、多くの春秋時代の墳墓が発掘されている。その墓の一つから一九五四年に発掘された青銅器「宜侯矢簋《ぎこうしょくき》」には、周王が「矢」に宜の侯となるよう命じたという銘文が鋳込まれている。簋は穀類を盛る鉢形の器。「宜」は現在の江蘇省南部を指す。この青銅器は周代の初期に作製されたものだが、墳墓は春秋時代の呉、または呉が越に屈したあとに造られたもの。周王室から下賜された青銅器は、呉または越の有力者の権威を示すものとして、墳墓に収められたと考えられる。

楚・呉・越といった新興勢力は、周代に整えられた儀礼を行うことで、中国文明に参入する資格を得た。勢力が衰えた周王室に代わって、有力な諸侯の盟主となる覇者が登場する。盟主となるためには、戦力のほかに、諸侯を集めて盟約を交わす儀礼を主催することが求められた。その場には、数多くの青銅器が並んでいただろう。

邑の外に暮らす異文化の民と、周の域外の新興勢力が文明に加わることで、中国人口史が扱う地理的な範囲は、格段に広がることとなった。その人口について、焦培民は『史記』の断片的な記述から、春秋時代の人口を一四〇〇万人と推定するが、やはりその根拠は説得力を持つとはいえない。

戦国時代

前四〇三年に時代は春秋から戦国へと移る。春秋時代と戦国時代との政治と社会体の根本的な違いは、中国文明における秩序の作り方が、儀礼から実力本位に変わったところにある。その兆しが現れる時期は、すこし時をさかのぼる。

現在の山西省を中心に、晋という大邑があった。春秋時代も末期ともなると、晋の臣下のなかの有力な家系が勢力を持つようになり、政治を左右するようになる。晋の六卿と史書に記される。そのなかの一つが、現在の山西省北部を拠点とした趙であった。

ある日、趙の当主は子どもたちを全員呼び集めて、次のように告げた。「私は宝の札を常山(現在の恒山)のうえに隠しておいた。先に見つけたものに、褒美をやろう」。子どもたちは常山に馳せて行ったが、戻ってきて何も得られなかったと報告した。末っ子の無恤《ぶじゅつ》を除いて。「札を見つけました」と報告する無恤に、当主が「述べてみよ」というと、「常山の上から見下ろすと、そのふもとに代の国を臨むことができました。代を取るべきでしょう」。この発言を聴いた当主は、先に跡継ぎに指名していた長男を廃して、無恤を太子とした。

当主が死去し、無恤が趙の当主を世襲したその年のことである。父の喪に服している時期に儀式を行うということで、無恤は代国の当主を招待した。代の当主はその夫人が無恤の姉であったこともあり、何ら警戒することなく、宴席に赴いた。料理人は青銅製の枓《ひしゃく》で、代王とその付き人たちに給仕し始めた。

この秩序だった光景は、突然、惨状に変わる。代国から来た一行を殺すようにと、無恤は密かに命じていたのだ。給仕のものが代王と従者を枓によって撲殺すると、無恤はすぐに兵を起こして代を攻め滅ぼす。無恤の姉はその知らせを聞くと嘆き悲しみ、摩笄《かんざし》(髪をなでつける笄《かんざし》)で、喉を掻き切り自殺した。このエピソードは、『史記』「趙世家」に見ることができる。

ほどなくして、晋の六卿のあいだで内紛が起き、趙は攻め込まれるが、無恤の離間策が功を奏し、勝利する。その結果、晋は趙・魏・韓の三国に分裂した。前四五三年のことである。それから五〇年のち、三国の当主が周から正式に諸侯と認められた前四〇三年をもって春秋時代が終わり、戦国時代が始まったとされる。なお、無恤の諡は、襄子《じょうし》である。

趙に滅ぼされた代国は、小国とはいうものの由緒のある国であった。代の当主のもとで、儀礼に基づく政《まつりごと》が行われ、秩序が保たれていたと想像される。趙から儀礼への招待を受けたとき、当主は何の疑いもなくその宴席に臨んだ。趙の無恤は儀礼に用いるべき青銅器を、凶器として用いた。この凄惨な事件は、儀礼に基づく周の秩序がまさに崩壊した場面だった。

無恤の母親は、北の大地で遊牧していた翟《てき》人であったとされる。つまり北狄と呼ばれた異民族であった。襄子がその異母の兄や姉とは異なり、周朝の原則にとらわれない、実力本位の発想を持てた背景には、こうした生母の出自も関係したのかもしれない。

戦国時代になると、趙は周の文明とは異なる側面を、強く持つようになる。代国には趙の襄子の甥が当主として封じられるが、趙本国から官僚がお目付役として送り込まれ、「相」として領域の統治を取り仕切った。代国の故地では、樹林が切り開かれて牧野となり、軍馬を育てるようになったという。大邑と中小の邑との連合体という政治体制から、国主が官僚を派遣して領域を一円的に支配するという体制へと変わった。

一方、東に移った周王室の故地、かつての周原に封じられたのが、秦国である。秦も趙と同じように、西方の遊牧民と向き合う過程で新たな支配体制を造った。前二二八年に秦軍は、趙の首都の邯鄲を落とし、趙の王族が逃げ込んでいた代を前二二二年に攻めて、趙を滅亡させる。趙は代を滅ぼすことで戦国の七雄の一つに昇るチャンスをつかみ、代が滅ぼされたことで歴史から消えたことになる。その翌年、前二二一年に秦は斉を滅ぼし、中国文明が及んでいた領域を統一、時代は秦代に移る。

戦国時代の人口についても、依拠すべき統計的なデータはない。戦国時代に各国の君主に外交戦略を説いた蘇秦と張儀という遊説家がいた。諸子百家の一つ、縦横家と呼ばれる思想グループに属している。蘇は秦に対抗するために東方六国が連合すべきだと説き、張は各国が秦との連携を深めるべきだと説いた。前一世紀にまとめられた『戦国策』は、蘇と張が挙げた各国の国力を記載している。各国の兵力の概数から戦国時代の総人口三〇三〇万という数字を、中国の人口史家が算出している。参考値として掲げておこう。

秦代の郡県制

戦国の七雄の一つに過ぎなかった秦国が、強大な勢力を獲得した最大の要因が、商鞅(本名は公孫鞅)が進めた制度の抜本的な改革だった。前三五〇年代に行われた多方面にわたる改革のなかで、人口史に深く関わる項目は、下記の三つ。

一、戸籍を設け、人民を五戸(伍)、または一〇戸(什)で一組に分ける。

二、父子兄弟が一つの家に住むことを禁じる。

三、全国を郡と県という二階層の行政区に編成し、官僚を郡守と県令に任命する。

これらの改革の結果、国王が伍・什の単位で全国の戸数を把握する路が開かれた。家族の人数の偏差の幅が広い大家族から、平均的な家族の数が予測可能な小家族へと移行させた。各地の統治を世襲的な諸侯ではなく、基層となる「県」と県を監督する「郡」に、それぞれ中央から官僚を派遣して治めさせた。これを「郡県制」と呼ぶが、この改革によって地方のデータを中央に報告する体制が整った。これらの政策は、商鞅が謀反の嫌疑を掛けられて失脚したのちも維持され、秦は強大な国力を涵養するようになる。

郡県制の施行が、国力増強の切り札となったもっとも良い例が、四川省の治水灌漑施設の建設だろう。チベット高原に源を発する岷江は、竜門山脈を抜けて四川の平原に流れ出たところで、広大な扇状地をかたち作る。この河川は、しばしば洪水を引き起こす暴れ川だった。前二五六年から前二五一年にかけて、ときの秦の昭王（本名は嬴稷《えいしょく》）から蜀郡の郡守に任命された李《り》冰《ひょう》は、扇頂に都江堰と呼ばれる施設を造り上げた。洪水は治まり、成都平原は沃野となった。この都江堰はいまも機能し、四川省の多くの人口を養っている。また、李は山岳を越えて中原と四川、さらに雲南にいたる五尺道を開通させたという。道幅がわずか五尺という道を崖に敷設するという、難事業だった。

こうした大事業は、邑の連合体であった周代に行うことは、難しかった。李冰は四川出身ではなく、山西省で生まれた秦国の官僚。国を挙げた事業を中央から派遣された長官が差配することで、はじめて完成できたといえよう。

前二四七年に秦王となった嬴政は、東方の六国を相次いで併呑し、前二二一年に中国文明圏を統一した。関中盆地に造営した咸陽を首都とし、王の上に立つものとして自らを始皇帝と称した。さらに「天下の豪富を咸陽に徙民すること一二万戸」（『史記』「秦始皇本紀」）とあるように、滅ぼした国々の有力者を首都に強制的に移住させ、在地との関係を断つ。支配者層が空白となった地域に対しては官僚を派遣し、郡県制をその版図全域に広げ定めた。

秦代にその版図は、さらに外へと広がった。北に向かっては、匈奴と呼ばれる遊牧民がモンゴル高原に建てた帝国の勢力を退けて、陰山山脈の南に四四の県を新設し、秦朝直属の人々を徙民した。南に対しては、現在の広東の南越国を滅ぼすために、江西から広東のあいだの分水嶺を掘り抜いて、霊渠と呼ばれる運河を建設して、大軍を送り込み、現在のヴェトナム北部までを版図に加えた。

秦代の人口

郡県制のもとで地方に赴任した官僚は、中央に管轄地の情報を報告する義務があった。全国的な人口統計が作成される条件を、この制度は整えたといえるだろう。しかし、秦代の人口については、王朝が短命であったこともあり、手がかりが残されていない。

秦が中国を統一するなかで繰り広げられた戦争で、多くの人命が失われた。秦の将軍であった白起は、前二九三年に韓と魏を攻めた戦争で二四万人を斬首、前二七三年に魏を攻めたときには一三万人を斬首、前二六〇年の長平の戦いで趙に大勝したときには捕虜四〇万人を生き埋めにした。こうした人数には誇張があると考えられていたが、長平の古戦場から大量の人骨が発掘されたことで、信憑性が高くなった。

始皇帝が行った対匈奴戦争や長城の拡張増幅事業、南方への遠征でも、多くの死者を出した。秦朝が滅亡してから約一〇〇年後に著された『淮南子』は、次のように記す。始皇帝の時代に遠征が続き、匈奴の侵攻を食い止めるために行われた長城の建設でも、多くの人民がかり出された。その負担のために「男子は耕作に専念できず、婦人は紡績に務めることができず、……

病者を養うことも、死者を埋葬することもできなくなった」(『淮南子』「人間訓」)と。また、長城の建設と遠征のために常に数十万の人民がかり出され、死者は数え切れないほど多く、死体が累々ところがっていたと、司馬遷は述べている(『史記』「淮南王伝」)。漢代に前の政権に批判的な言説が繰り広げられることは常なので、これらの記述には誇張があると思われるが、前三世紀に繰り広げられた戦争や土木事業が、人口に影響を与えたことは間違いない。

人口学的に見た場合、前三世紀に失われたのは、主に男性。子を産み育てる女性人口は大きく欠損することはなかったと考えられる。秦の行ったインフラ整備は、農業の生産性を向上させ、人口を増やす効果があったと推測される。また、版図が拡大したことも、人口に対してプラスの要因となっただろう。始皇帝が死去する直前の秦朝の人口は、戦国時代の推定人口を下回り、二〇〇〇万から三〇〇〇万のあいだと中国の研究者は推定している。

前漢の統治体制

始皇帝の死後、カリスマを失った秦朝は一気に瓦解する。

秦朝への反旗を翻したのは、叛乱を起こした人民だけではない。郡県制のもとで実権を奪われた東方六国の王侯も、立ち上がった。項羽も「楚」の復興を掲げて、兵を進めた。戦国時代への扉を開いた趙の故地でも、趙王が自立した。項羽はその趙王を、かの代国の地に封じている。

こうした動きからも窺われるように、劉邦が項羽を破って王朝を建てた時代の雰囲気は、復古的だった。そのため、前二〇二年に劉邦が長安を都として王朝を建てたとき、直轄している地域には県を置いたが、そのほかに版図のかなりの部分を、周代の先例に従って一族や功臣に国として与え、世襲させた。周朝と秦朝の制度をミックスした地方統治の方法を、「郡国制」という。また、雲南や広東では、地元の有力者に王の称号を与えて、統治を委ねた。これを「冊封制」という。こうした体制では、王朝が人口を直接に把握することはできない。

秦から漢への移行期に、少なからざる人数が、戦乱に巻き込まれて死んだり、流民となったりして、人口がマイナスとなったことは間違いない。とすると、漢朝の初期に朝廷が把握できた人口は、秦代の人口を下回っていただろう。劉邦は匈奴に敗退したこともあり、対外戦争も抑制し、国力の涵養に力を注いだ。その方針はしばらく続き、流民化していた人々が定住し、子どもの数も増え、人口は増加傾向にあったと考えられる。

劉邦は各地に封じられた王侯の統制が取れなくなることを恐れ、各国の当主を劉一門で固めようとした。しかし、同族であってもときがたてば疎遠となる。危機感を持った朝廷は、取り潰す政策を進めようとした。これに対して前一五四年に、劉一族の呉王を中心にして「呉楚七国の乱」と呼ばれる叛乱が起きる。朝廷は三か月あまりで、それを鎮圧した。その後、朝廷は王の実権を奪い、地方は中央から派遣した「相」と呼ばれる官僚に統治させた。王は領地から上がる租税を受け取るだけとなった。こうしたプロセスを経て、人口統計の基礎となる情報を集める体制がしだいに整ってくる。

前漢の人口動向

漢代の租税は、土地税としての田租と人頭税としての口税とから構成されていた。口税は一五歳から五六歳までの人民が男女を問わず、また資産の有無にかかわらず、一律一二〇銭、七歳以上の子どもも二三銭を収めることになっていた。そのため、子どもが生まれても届け出ず、貧民のあいだでは、嬰児を殺すことが多かったという。

人口統計上、登録されない子どもの数は少なくなかったとはいえ、皇帝の諡にちなんで「文・景の治」と呼ばれる時代(前一八〇年から前一四一年)には、国力を蓄える政策を基本方針とし、外征を抑制し、不要不急の土木工事を行わなかった。さらに朝廷は田租を免除して、民力を高めようと政策を、何度か実施している。こうした朝廷の方針のもとで、人口は増加傾向にあった。前一四一年に後世「漢の武帝」として知られている劉徹が即位したとき、人口はすでに三〇〇〇万を、大幅に超えていたと推定される。

武帝の時代に漢帝国は最盛期を迎えたと讃えられることが多いが、人口史からみるとまるでもない時代だった。匈奴討伐や朝鮮半島、ヴェトナムなど多方面への相次ぐ遠征、日常生活に欠かせない塩と鉄の専売化などにより、貧窮した人々は流民となり、戸籍から脱落していった。

武帝は前八七年に死去しその子の劉弗陵が即位した。昭帝である。『漢書』「昭帝紀」の賛には、武帝の奢侈と外征のために戸口は半減するが、武帝を継いだ昭帝は塩・鉄の専売制を止め、賦役を軽くし租税を減らすなどの政策を行った、それ故に、「世の中が明るく治まる」という意味を持つ「昭」が、皇帝の死後の諡に選ばれたのは、もっともなことだ、と述べている。

前七四年に即位した宣帝(本名は劉病已)が武帝の功績を讃えるために、宗廟で盛大な儀式を挙行しようとしたときに、一人、強く反対した人物がいた。学者の夏侯勝である。彼は「武帝は領土を広げた功績はあるものの、人民の財力を奪いました。天下は消耗してしまい、人民は離散し流浪し、死去したものは半ばとなっています」(『漢書』「眭両夏侯京翼李伝」)と述べている。夏侯は朝廷に各地から送られてきた情報に触れる立場にあり、人口が激減していたことに気づいていたと思われる。

武帝の時代から約二〇〇年後に『漢書』が編纂されたとき、武帝の政策のために漢朝の人口は半減したと認識されていたようだ。しかし、減少したとはいえ、半減したとするには無理がある。一説では夏侯の発言の趣旨は、全人口が半減したのではなく、流民化した人々の半数が困窮のなかで命を失ったということだ、とする。武帝のあと、歴代の皇帝は民力の回復に留意した。社会が落ち着くにつれて、流民は郷里に戻るなどして、登録された人口も回復したと考えられる。

東アジア最初の戸口統計

『漢書』「地理志」は、漢の年号で元始二年、西暦では紀元後二年の漢帝国の戸数と人口とを、当時の郡ごとに記載している。人口統計が今日に残されたのは、中国人口史上、初めてのことである。劉邦の時代、郡国制のもとでは地方に封じられた諸侯から、戸数などの報告を集めることはできなかった。時代とともに、朝廷が任命した官僚が、郡守・県令として地方を統治するように変化したことが、この人口統計をまとめることを可能にした。

前漢の都・長安が置かれた京兆尹から始まり、郡が列挙されたあとに、方国だった地域を並べて、長沙国が末尾となる。郡ごとに戸数・人口と所轄する県の数が記載され、そのあとに各県の来歴や地名の変遷、史跡などが記載される。県については戸数・人口の記載はない。朝鮮半島に置かれた楽浪郡、現在はヴェトナムに属する交趾郡・九真郡も含まれている。漢朝全体の合計から朝鮮やヴェトナムの部分を差し引くと、戸数一二二五万人あまり、口数六〇〇〇万弱となる。単純に一戸あたりの口数を計算すると、四・八人。秦代に大家族を認めない法を定めたことで、このような家族数となったと推定される(表1-2)。

表1-2　西暦2年の戸口統計(袁(2012))

		2年		
		戸数	口数	各戸口数
東北	黒竜江			
	吉林			
	遼寧	131,242	628,036	4.8
華北	河北	1,598,506	6,907,790	4.3
	河南	2,172,338	12,899,279	5.9
	山東	2,707,805	12,025,463	4.4
	山西	605,094	2,542,858	4.2
	陝西	821,512	3,207,087	3.9
西北	内モンゴル	270,603	1,305,665	4.8
	寧夏	29,170	96,385	3.3
	甘粛	314,321	1,271,649	4.0
華中	江蘇	536,584	2,386,315	4.4
	安徽	755,994	3,588,339	4.7
	浙江	167,063	762,547	4.6
	江西	70,806	370,105	5.2
	湖北	297,798	1,490,094	5.0
	湖南	100,679	568,878	5.7
	四川	706,346	3,231,124	4.6
華南	福建	8,578	39,716	4.6
	広東	46,509	241,993	5.2
	広西	36,450	216,467	5.9
	貴州	19,091	103,939	5.4
	雲南	139,869	901,955	6.4
内陸	青海	11,837	46,046	3.9
	新疆	706,346	3,231,124	4.6
	チベット			
	合計	12,254,541	58,062,854	4.8

当時の行政区画は、その後に大きく変化している。人口の地域的な分布を中国人口史のなかで通観するために、現在の省を単位として集計し直す必要がある。袁祖亮は複数の省にまたがる郡について、郡下の県の数から各県の平均値(郡の数値÷郡内の県数)を取り、それを省に振り

分けることで計算する(郡の数値÷郡の県数×省下の県数)。

人口の比率をみると、河南が二二%、山東二一%を占め、河北の一二%をあわせる華北が全体の半分を占めていることが分かる。この時期には華中・華南には森林と湖沼がひろがり、人の手はほとんど加わらず、集落もまばらであったようだ。

漢代には王朝の手が及ばない地域も、少なくない。浙江省の南部には東甌《とうおう》、福建省には閩越《びんえつ》国という百越と総称される政権が自立していた。武帝の時代に二つの国のあいだで抗争があった。朝廷のなかで、この紛争に介入すべきか否かという議論もあったが、結局、手出ししないで終わった。雲南省や貴州省などでも、もとからその地に住んでいた民族の人口を、王朝が把握することはなかった。西暦二年の人口統計は、あくまでも中国文明の光が当たる範囲の数値であって、近代的な中国人口とは異なる点は注意を要する。

人口統計がまとめられた西暦二年の以前から、朝廷では宦官や外戚が政治に介入して混乱の度を深めていた。地方では税負担を逃れて、豪族のもとに奴婢となって身を寄せるものが増えている。豪族たちは奴婢を庇護する代わりに、農地や山林で働かせた。奴婢は戸籍から抜け落ち、人口統計にはその数は反映されていない。

後漢の戸口統計

西暦二年から六年後の西暦八年、外戚の王莽が劉姓の皇室に取って代わり、「新」を建てる。二三年までのわずか一五年という短命な政権であったが、人口に与えた影響は大きかった。

前近代の中国における王莽の評価は、皇位の簒奪者として極悪非道な人物とされた。近代になってからは、豪族が弱者を虐げ、商人が不正を行う社会を、儒教の理想に沿って改革しようとしたという評価も現れる。政権を執った王莽は、確かに土地の私的な占有を禁止しようとしたり、奴婢の売買を禁止しようとしたりした。しかし、それらの政策は、現実を踏まえた政策でなかったため、持続させることはできなかった。失政は混乱を招いた。また、一〇年には、匈奴に戦争を仕掛けたが、翌年は反撃されわずか数年のあいだに黄土高原の北西部を奪われてしまう。

失政に自然災害が、追い打ちをかける。連年の干害と冷害に、蝗害(バッタの大発生)、さらには疫病が蔓延し多くの人命を奪った。各地で王莽の政権に対する叛乱が起き、王莽は長安に乱入した群盗により殺される。その後も混乱は続き、眉を赤く染めて敵味方の区別としていた赤眉軍が首都・長安に乱入したときには、民は飢餓のなかで互いの肉を喰らい合うといった凄惨な光景となったという。

新王朝の末期から西暦二五年に漢皇室の遠縁にあたる劉秀が漢朝(後漢、中国の学界では「東漢」)を復興するまでのあいだに、中国の人口は激減したと言われる。『漢書』は「莽が誅せられるまでのあいだに、天下の戸口は半減した」とし、『漢官儀』(応劭が一九六年に著した『漢書』の注釈書)は「海内の人民で数を数えられるのは、一〇のうち二、三」となったとする。これらの言葉を額面通りに受け入れて、前漢の西暦二年の人口が六〇〇〇万人だとすると、新が滅びる二三年に半減して三〇〇〇万、後漢が成立する二五年に二、三割になったとすれば、わずかに一五〇〇万程度となってしまう。

ところが比較的信頼できる『続漢書』「郡国志」に記載された西暦一四〇年の戸口統計では、後漢の人口は約五〇〇〇万となっている(表1-3)。一〇〇年あまりの時間を経てはいるが、このあいだのギャップは大きい。おそらく新末・後漢初の混乱期に流民となったり疎開したりして、王朝の戸口調査で把握できなかった人口が多かったものと考えた方がいいだろう。なお、『続漢書』は正史『後漢書』に先行する史書で、三世紀後半にまとめ上げられたもの。『後漢書』が利用できなかった資料にも当たって書かれたと考えられており、のちの中国の学者からも「詳実」(詳細で実証的)だと評価されている。散逸したが、その佚文が編集されている。

いま私たちが生きている時代には、国富の多くは資本が生み出している。しかし、前近代では、富の生産はほぼすべて人力によって行われた。したがって前近代の国力はGDPなどの指標ではなく、政権が直接に把握している人口によって計られる。二五年に後漢が成立してから

表 1-3　西暦 140 年の戸口統計(趙・謝(1988))

		140 年			2 年⇒140 年 口数増減率
		戸数	口数	各戸口数	
東北	黒竜江				
	吉林				
	遼寧	93,735	432,202	4.6	69%
華北	河北	998,967	6,451,547	6.5	93%
	河南	1,851,901	9,211,347	5.0	71%
	山東	1,670,166	9,037,766	5.4	75%
	山西	203,464	1,266,820	6.2	50%
	陝西	162,075	774,015	4.8	24%
西北	内モンゴル	20,591	100,498	4.9	8%
	寧夏	4,608	23,849	5.2	25%
	甘粛	108,181	474,140	4.4	37%
華中	江蘇	438,908	2,103,719	4.8	88%
	安徽	576,906	2,968,192	5.1	83%
	浙江	207,131	849,081	4.1	111%
	江西	426,177	1,750,396	4.1	473%
	湖北	391,493	1,792,784	4.6	120%
	湖南	530,777	2,309,311	4.4	406%
	四川	1,127,535	4,459,347	4.0	138%
華南	福建	8,792	34,371	3.9	87%
	広東	160,198	590,968	3.7	244%
	広西	159,472	685,614	4.3	317%
	貴州	17,760	135,517	7.6	130%
	雲南	319,811	2,355,189	7.4	261%
内陸	青海	1,669	8,378	5.0	18%
	新疆				
	チベット				
	合計	9,480,317	47,815,051	5.0	82%

約八〇年間、国力を涵養するために人口を増やす目的で、さまざまな政策が行われた。

人口増加に対してマイナスの負荷を掛ける対外戦争を避け、遊牧系の民族が勢いを増しても、直接に対峙することはしない。戦地に赴かない兵士は、耕作に従事することにした。王莽の時代に罪を問われて身柄を拘束されていたもの、動乱の時代に飢餓に迫られたり、拐《かどわ》かされたりして奴婢となったものは、解放して庶人とする。強引に妻にさせられた女性は、希望すれば去ることを認める。

八五年には、妊娠した女性に対して、「胎養穀」として一人に三斗の穀物を配給し、その夫の人頭税の負担を免除するという政策を打ち出す。その翌年には父母や親族のいない嬰児、子がいても養うことができないものには、食糧を配給するという詔が出されている。

一五七年の後漢の戸口は、かなり後にまとめられた『晋書』「地理志」によれば、戸数が一〇〇〇万あまり、口数は五六五〇万を少し下回っていた。この戸口統計を最後に、一〇〇年ほどのあいだ、人口を推定する根拠となる戸口統計は得られない。

二世紀なかばの俯瞰図

黄土高原に勢力を伸ばしていた匈奴に後漢が手出ししなかったことは、結果として人口の増加を促進させることになった。

人の手が加わる前、原初の黄土高原は山には暖温帯落葉広葉樹林、平地にはステップ草原が広がっていたと考えられる。耕せば豊かな農地となるが、細かいシルトからなる黄土は、耕作して植生を破壊すると、雨が降るたびに流出し、深い谷を作る。流れ出た黄砂は黄河に流れ込む。黄河は華北の平野部に出て、土砂を押し流す力が弱まると、河床に黄砂が堆積、しだいに天井河となる。ちょっとしたきっかけで、自然堤防が決壊すると、黄河は新たな流路を作って海へと向かう。自然界のありふれた変動は、人間界においては大洪水であり、多くの人命を奪った。

秦の始皇帝や前漢の武帝の時代に、中国の王朝が黄土高原を支配し、漢族が入植して農耕を始め、燃料を得るために山の樹林を破壊すると、水土流失のペースがあがり、黄河の氾濫が頻発する。反対に後漢の前期のように、王朝が匈奴などの遊牧系の民族に手出ししなければ、状況は変わる。

黄土高原の山に樹林が再生すると、冬に降る雪、夏に降る雨を蓄え、平地の牧草が春先に芽生え、夏に繁茂するのに必要な水を供給する。豊かな草原は、遊牧の最適地となる。黄土高原の浸食も止まり、黄河に含まれるシルトの量も減り、結果として洪水の頻度も低くなる。実際に、後漢の時期に、黄河は氾濫することがなくなった。

後漢の前期に匈奴との戦争を控えたことで、匈奴の侵入による人的な被害はあった。一方で、洪水の頻度が減ったため、華北平野での水害が収まり、農業は安定した。全体的に見た場合、西暦一世紀に王朝が西北部に遠征しなくなったことは、人口増加を促進する方向で作用したと考えられる。歴史家は始皇帝や武帝の時代のように、版図が広がるときに国力が増したとしがちだが、人口史から見た場合には、それとは異なる評価となる。

西暦一四〇年に後漢が直接に把握していた人民は、西暦二年の集計方法を踏襲して、戸数で九四八万、人口では約四七八二万人となる。西暦二年と比較すると、人口は一〇〇〇万人ほど減少している。地域別の増減を統合した結果が、この数値に表れた。

前漢には版図に入っていた西域から、後漢は後退し、新疆の人口はごっそり抜け落ちる。匈奴の勢力が伸張した陝西・山西・甘粛では、人口が激減。一方、中原に属する河北・河南・山東は、劉秀が漢朝を再興するまでのあいだ、戦乱の舞台となり、人口が大きく傷つけられたと思われるが、新たな政権が人口の涵養に努め、黄河の氾濫がおさまったこともあり、微減にとどまっている。

河北・河南・山東などの華北、江蘇・浙江などの華中では、豪族が広大な土地を占有し、多くの奴婢を抱えていた。王莽はこの豪族の勢力を削ごうとして失敗した。後漢を建てた劉秀は、その失政に学び、さらに本人も豪族の出身であることもあり、豪族を容認した。

後漢の前期には、奴婢が希望すれば解放するという政策を打ち出すが、豪族の配下に入れば、王朝に徴用されることもない。有力者に庇護される生活も、悪いものではない。おそらく解放された奴婢の比率は、高くはなかっただろう。奴婢は人口統計から抜け落ちる。華北・華中の人口が増えない背景には、こうした豪族の存在が大きかった。

人口が大幅に増えた地域は、湖南・江西・広東・広西・雲南である。長江中流域から南方へは、水運の便がいい。湖南の洞庭湖、江西の鄱陽湖はいずれも長江と連なっており、そこに周囲の丘陵から多くの河川が流れ込んでいる。江西と広東とを結ぶ運河が秦代に開削されて、人と物の流通も障害なく行われる。中原が前漢から後漢への移行期に混乱に見舞われたとき、この水運ルートに沿って、南下する人の流れがあったと考えられる。新開地では階層の分化はあまり進んでおらず、奴婢の比率も高くはなかった。そのために、王朝に把握される人口が大きく伸びたものと考えられる。

第二章　人口のうねり
——二世紀から一四世紀前半まで

中国文明のサイクル

前章を振りかえっておこう。

先史時代に文明と呼べるまとまりが誕生するまでにも、おそらく一つのサイクルがあったであろう。黄河中流域や長江下流域、さらに遅れて遼河流域で大規模な集落が形成され、たがいに交流するなかで、「夏」に比定される二里頭文化が誕生する。

文字がないために実証するすべはないが、個性的な文化が「散」在するなかから、社会を統合するいくつかのタイプが現れ、それが対立と融合とを繰り返す「離」の段階を経て、神権と血縁に基づく商朝の社会統合原理が中原をまとめ、文明は「集」のステップへと進んだ。新石器時代から青銅器時代にいたるゆるやかな時の流れのなかで、合散離集のサイクルが進んだものと想像できる。

考古学によらなければ人口を明らかにできない先史サイクルは、人口史のうえでは助走の段階だといえよう。このサイクルを経て生まれた文明の人口は、城郭で囲まれた集落「邑」に住む人々の数を合算した数値だ、ということになる。

商代を引き継いだ周代は、「合」に位置づけられる。今日にも連続する「中国」という認識が誕生し、中国文明史を語ることが可能となり、新たなサイクルがはじまる。春秋時代にその秩序が揺らぎ、大小様々な諸侯が分立する「散」のステップに中国文明は進む。戦国時代に新しい文明統合の枠組みを模索した「離」の段階を経て、最終的に秦朝が新しい文明の枠組みを築く「集」の段階にいたり、前漢に引き継がれる。この約一〇〇〇年間の変化は、「合散離集」の中国文明の第一サイクルということになる。

第一サイクルを経過するなかで、中国文明は二つの次元で対象する人の数を増やしていった。一つは垂直的な拡大で、邑の外に広がる山林叢沢で暮らしていた異人を、あらたな人民として組み込んだのである。もう一つは空間的な拡大である。黄土高原からは秦や趙が、長江流域からは楚や呉・越などが、周朝の文化を吸収しながら文明のなかに参入してきた。漢代に新文明のもとで統「合」された中国は、二世紀ごろから揺らぎはじめる。

人口史からみて、文明のゆらぎは二つの方面から及んでくる。一つは、中国社会の内部で進行した豪族層の伸張である。もう一つの変化は、中国の文明の埒外にあった西方あるいは北方の諸民族が、文明の担い手として加わってきたことである。

本章では、二世紀に後漢が衰えて合から散へとステップが進み、三国時代に突入した時期から、一七世紀に清朝が戸口調査の中止を決定するまでのおよそ一五〇〇年のあいだ、人口史が合散離集のサイクルでうねる時代を、読み解くことになる。

異民族の侵攻の豪族の伸張

後漢は羌族の侵攻と黄巾の乱などへの対応に追われ、全国的に戸口を調査するゆとりがなくなってしまう。続く三国時代には、これまでも登場してきた『帝王世紀』などが、もっともらしい戸口の数字を挙げてはいるものの、どのような方法で統計が取られたか明らかにされておらず、信頼を置くことはできない。

三国時代に華北を支配していた魏は、四川を拠点としていた蜀を滅ぼした。魏の将軍の司馬炎は平和裏に政権を簒奪し晋朝を建て、華東に残っていた呉を二八〇年に滅ぼす。三国時代の魏は屯田制を展開した。農民は土地を耕作する権利を保障され、その見返りとして収穫を国に納めた。呉や蜀との前線に近い地域には、兵士が耕作にも従事する軍屯が置かれた。

晋が戦乱を終結させると、これらの屯田は廃止され、戸ごとに穀物などを納めることが義務づけられた。この税制は、人民から労働力を徴用する人頭税的な体系から、戸を単位として物産を徴収する体系へと、変化したことを意味する。晋代ではこの税体系を全国に施行することはできなかったが、のちの隋・唐代の均田制のさきがけとして位置づけられる。

二八二年に晋朝がその版図内の各州郡の戸籍の調査を行った(表2-1)。西暦二年と一四〇年の戸口調査とは異なり、口数は記載されていない。晋代の税制では、戸に課税するだけで、労働力を徴用しないため、口数を把握する必要性がなくなったことが、その変化の背景にある。『晋書』「地理志」に掲載されたその晋初の戸数は、二五〇万弱。一四〇年の戸数のわずか二五%に過ぎない。

「地理志」に二八〇年の全体的な戸数と口数との数値が記載されており、それによれば一戸あたり六・六の人口となる。現在の行政区分に応じて割り振った戸数に、それぞれ口戸比の六・六を掛けて得られた数値は、一五〇〇万あまりとなる。一四〇年の人口と比べると、三分の一に減少している。

後漢末の黄巾の乱、その後の三国時代の戦乱のなかで、多くの人命が失われたとはいえ、これほどの人口が減少したとは考えられない。多くの民が流民化して王朝の戸数調査の対象とはならなかったこと、豪族に庇護されて王朝が把握できなかった人口の存在、そして異民族が晋朝の版図内にも多く浸透していたことなどを考慮すると、実際に領内の大地で暮らしていた人々の数は、晋朝に補足された人口よりも多かったと推定される。晋朝の戸数調査の対象となったのは、屯田制を改変して土地を配分した一部の人民に過ぎなかった。

表2-1　西暦282年の戸口統計(趙・謝(1988))

		282年		140年⇒282年 戸数増減率
		戸数	推計口数	
東北	黒竜江 吉林 遼寧			
華北	河北	366,260	2,417,316	37%
	河南	469,860	3,101,076	25%
	山東	261,321	1,724,718	16%
	山西	144,600	954,360	71%
	陝西	129,800	856,680	80%
西北	内モンゴル 寧夏 甘粛			
華中	江蘇	83,096	548,434	19%
	安徽	96,340	635,844	17%
	浙江	106,600	703,560	51%
	江西	68,200	450,120	16%
	湖北	199,648	1,317,677	51%
	湖南	125,500	828,300	24%
	四川	215,100	1,419,660	19%
華南	福建	8,600	56,760	98%
	広東	20,300	133,980	13%
	広西	30,920	204,072	19%
	貴州 雲南			
内陸	青海 新疆 チベット			
	合計	2,326,145	15,352,557	25%

一四〇年とのあいだの変化を、地域別に見てみよう。後漢よりも晋朝の版図は縮小し、東北部や西北部、内陸部が抜け落ちている。華北平野に属する河北・河南・山東、後漢時期に人口が増えた湖南・江西・広東などでは、その戸数は二割程度に減少している。これは豪族層が勢力を伸張させたことが、戸数を激減させた理由だと考えられる。

唯一、推計戸数が減少していないのは福建である。急峻な山脈が海に迫る福建では、軍事的には前漢の武帝の侵攻を受けて服属するものの、山地に阻まれて漢族の浸透は進まず、先住民が勢力を維持した。三国時代の呉は、魏と対抗する必要から、その背後にある福建への勢力拡大を図り、建安郡を置き、その下に県を配置したことで、ようやく国家が住民を直接に統治する体制が整えられたのである。晋朝はその体制を引き継いだのである。

人口史の空白期

三世紀末に晋朝の支配層のあいだの内紛から、その統治体制はほころびる。山西に基盤を置いていた匈奴は、晋朝が弱体化したことを見て取り、三〇四年に自立、ほどなくして首都・洛陽を攻め落とす。晋朝は、華北から一掃される。これを契機に華北では、遊牧系の民族が、割拠する状況が現れた。鮮卑系の拓跋氏が建てた北魏が、四三九年に華北を統一する。

北魏は三国時代の魏が実施していた屯田制を発展させ、均田制を施行した。国家が耕地を人民に給付するかわりに、人民が国家の徴税・徴用に応じるという制度である。北魏の初期には、兵士を徴用することに主眼が置かれていた。やがて豪族が囲い込む農民を国家が直接に把握するために、この制度が活用されるようになる。

支配が安定してくると、均田制は税制という側面が強くなってくる。北魏の系譜を引き継ぎ、五五六年に建てられた周朝のもとで採用された租庸調制という税制も、この均田制が基礎となった。なおこの王朝は、北魏と同じく鮮卑系の宇文氏が建てたもので、東洋史では古代の周朝と区別するために「北周」と表記される。

一方、南方では晋の皇族が、現在の南京を首都として政権を再建する。東洋史ではその政権を「東晋」と呼ぶ。東晋の政権は、現地の豪族層と華北から避難してきた貴族層とのバランスの上に乗るだけの、脆弱なものだった。四二〇年には武将が政権を簒奪し、宋朝を建てる。なおこの宋は、一〇世紀に建てられた宋朝と区別するために、帝室の姓を冠して「劉宋」とされることがある。劉宋のあとも南方では、江南を中心に南朝と総称される漢民族の諸王朝が展開した。南朝のもとで華中・華東の開発が進む。その担い手は、漢族の王朝を支えた門閥貴族だった。

貴族の代表の一人に、詩人として名高い謝霊運がいる。『宋書』の「謝霊運伝」には、「霊運は父祖の財産のために、資産が非常に豊かだった。奴僕も多いだけではなく、義理の縁故となった門生も数百人はいた。山をうがち湖を浚い働いて休むことがなかった」とある。「門生」とは、国に対する納税などの義務から逃れるために、戸籍を有力者のもとに移した人々である。彼らは王朝の戸籍の調査の対象とはならない。南朝のもとで戸数調査は行われるものの、その数は実態とはかけ離れたものだった。

統一王朝の晋朝が崩壊し、北に遊牧系の政権、南に漢族の政権が併存した。隋朝のもとで、全国的な戸数調査が行われるまでの約三〇〇年間は、人口史の空白期間である。しかし、この期間に北朝と南朝のそれぞれが、あらたな人口把握のシステムを模索している。合散離集サイクルで鳥瞰すると、「離」のステップに相当するということができるだろう。

隋朝の戸数統計

南朝と北朝が分立する状況から、再び中国全体を統一したのは、北周の系譜を引く隋朝である。この新しい王朝の税制は、北周から租庸調制を継承した。この制度のもとでは、国家は成年男性「丁」に耕地を支給し、土地が配分された丁から「租」(原則はアワ)、「庸」(労役、または代納として絹)、「調」(絹や麻)を徴収する。

五八一年に隋朝の支配体制が安定すると、五八三年に「貌閲」と「輸籍」の政策が実行された。その具体的な内容は、賦税の徴収を軽減するとともに、豪族が庇護している人々を登録させ、租税を逃れるために年齢を詐称していないか直接に顔を確認し、数世帯が同居している場合は戸籍を分けて登録させるというもので、国家が直接に「口数」を把握しようとするものである。

五八九年に隋朝は南朝を滅ぼして、南北分立の状態を終わらせた。六〇九年には、南朝の「戸数」調査の制度を採用して、全国的な戸口調査を行わせた。その方針は、徴税体系に即応したもので、戸数のみが記録された。調査の成果は『隋書』「地理志」に収録されている（表2-2）。

六〇九年に登録された総戸数は、九〇〇万あまり。一戸あたりの人数を五とすると、総人口は四六〇〇万人となり、これに登録漏れや中国領域内に住む異民族などを加えて、多くの中国人口史の研究書は、この時点の中国の総人口は、六〇〇〇万人と推計する。

なお中国の人口史研究者は、戸数しか分からないときには、常に一戸五人として計算する。戸数と口数の双方が記載されている時代の数値では、一戸の口数が四から六のあいだに収まっているところから、戸数に五を掛け合わせて人口とするのではあるが、場合によっては大きな誤差を生む可能性があるので、注意する必要があるだろう。

隋朝はこのように戸口調査を徹底した結果、人民を直接に把握することが可能となった。隋朝が行った首都大興城（現在の西安）の建設、大運河の開削、高句麗への数度にわたる遠征など

表 2-2　西暦 609 年の戸口統計(趙・謝(1988))

		609 年		282 年⇒609 年 戸数増減率
		戸数	推計口数	
東北	黒竜江			
	吉林			
	遼寧	751	3,880	
華北	河北	1,479,744	7,644,358	404%
	河南	1,840,430	9,507,661	392%
	山東	1,483,664	7,664,505	568%
	山西	866,966	4,478,746	600%
	陝西	718,497	3,711,756	554%
西北	内モンゴル	8,707	44,980	
	寧夏	34,325	177,323	
	甘粛	357,844	1,848,622	
華中	江蘇	261,176	1,349,236	314%
	安徽	380,944	1,967,957	395%
	浙江	80,718	416,989	76%
	江西	83,138	429,491	122%
	湖北	523,221	2,702,960	262%
	湖南	52,850	273,023	42%
	四川	498,051	2,572,937	232%
華南	福建	14,920	77,077	173%
	広東	127,737	659,889	629%
	広西	185,123	956,345	599%
	貴州			
	雲南			
内陸	青海	8,515	43,988	
	新疆			
	チベット			
	合計	9,007,321	46,543,243	387%

の大事業は、戸籍制度の基礎のうえで実施することができた。さらにこの戸籍制度は、続く唐朝にも引き継がれ、その繁栄の基礎を固めることになる。

六〇九年の戸数を地域別に見た場合、華北と華中・華南との人口比率では、華北が三分の二以上を占めている。南北朝の時期に江南の開発が進んだとはいえ、依然として人口の重心は北にあった。

晋朝のもとで実施された二八二年の戸口調査と比較すると、河北・河南・山東・山西・陝西は、戸数が五倍に増えている点が着目されよう。その背景には、北魏の統治下で、農民の定住化が進んだこと、豪族層が南方に逃れたために豪族のもとに庇護されていた人口が戸数調査の対象となったことが挙げられる。顔を確認する徹底した戸籍調査を実施した結果、王朝が大多数の人民を直接に把握できたと考えられる。

隋代の戸数では、晋代のそれと比較した場合、嶺南と総称される広東と広西の戸数が、約六倍と急増している。人口増加と関わる移民の動向を見た場合、二つのケースがある。

一つは、華北から直接に嶺南に入植するケース。五胡一六国のうちの一国で、現在の遼寧省西部に都を置いた北燕は、四三六年に北魏に滅ぼされる。このときに支配層に属する三〇〇人ほどが、海を渡って南朝の宋に逃れて広東に定住し、地元の先住民と婚姻関係を結び、豪族として勢力を扶植したとされる。その子孫のなかからは、唐の玄宗皇帝（本名は李隆基）のもとで権勢をほしいままにした宦官・高力士が出ている。

もう一つのケースは、南朝支配下の江南から嶺南に逃れた移民の流れ。六世紀に勃発した侯景の乱は、南朝の梁の首都(現在の南京)を陥落させた。この乱は鎮圧されはするが、その後の南朝の社会は安定しなかった。こうした混乱を避けるために、嶺南に移住するものが少なくなかったと考えられる。

唐代の戸口統計

隋朝は六一八年に建国されてわずか二代、三七年間で滅びる。しかし、戸籍制度を含めて、その制度の多くは次の唐朝に引き継がれた。租税制度も北周から隋を経て受け継がれた租庸調制であった。

唐朝が成立して約二〇年後、戸数と口数とを合わせて調査するようになる。六三九年の戸口統計では、全国の戸数は三〇四万あまり、人口は一二三五万人あまりとなっている。隋代の六〇九年から三〇年で戸数が三分の一に激減しているが、これは実態を反映しているというよりも、王朝の統治が安定しておらず、登録できなかった戸が多かったとみるべきだろう。その後、王朝が補足した戸口は急増し、七〇五年には戸数六〇〇万あまり、人口三七一四万人になり、七四〇年には八四一万戸、四八一四万人を越える。

戸口が増加中の七五二年の戸口について、すこし詳しく見てみよう(表2−3)。戸数は八九〇万戸を上回り、人口は五二〇〇万人ほどとなる。ほぼ隋代の六〇九年の水準に戻っていることが分かる。地域別に見てみると、隋代とは大きく異なっている。河北・河南・山西などは隋代の戸数の七割程度と減少している。特に著しいのは山東で、ほぼ半減。これは隋末の戦乱が華北で激しく、その傷が一五〇年ほどの歳月が過ぎても、まだ癒えていないためだと思われる。

陝西は首都の長安を擁していたこともあり、人口を維持した。七五〇年前後の長安の人口は、およそ一〇〇万程度という推定がある。長安を管轄する二つの県は、城外も含めて戸数八万程度が戸籍に登録されている。一戸あたり五人とした場合、四〇万人。そのうちの一〇万人は、城壁の外で暮らしていたと見積もられる。

政府関係者とその家族は、戸籍には登録されておらず、二〇万人ほど。後宮の女性や宦官などが五万人程度。それ以外に僧侶・外国人などを加えると、戸籍に登録されていない長安の住民の総数は三〇万人程度。これに兵士とその関係者が一〇万人。これに地方からの流入者が加わる。長安の人口は、八〇万人から一〇〇万人程度ということになろうか。

華北の人口が増えていないのに対して、南方の江蘇・安徽は微増、湖南・江西は三・五倍となり、浙江は九・五倍と激増している。華中の人口は北方を圧倒する事態は、中国の歴史のなかで唐代中期にはじめて現れた。これら南方の諸地域は隋末の戦乱の影響が少なく、北方から

表 2-3　西暦 752 年の戸口統計(趙・謝(1988))

		752 年			609 年⇒752 年 戸数増減率
		戸数	口数	各戸口数	
東北	黒竜江 吉林 遼寧	3,042	15,392	5.1	405%
華北	河北	1,114,025	7,340,828	6.6	75%
	河南	1,331,172	7,593,611	5.7	72%
	山東	853,417	5,666,063	6.6	58%
	山西	639,959	3,971,261	6.2	74%
	陝西	755,400	4,172,569	5.5	105%
西北	内モンゴル	17,451	117,376	6.7	200%
	寧夏	20,520	94,542	4.6	60%
	甘粛	219,531	1,126,228	5.1	61%
華中	江蘇	485,697	3,106,340	6.4	186%
	安徽	462,803	2,863,396	6.2	121%
	浙江	763,962	4,529,315	5.9	946%
	江西	266,149	1,639,257	6.2	320%
	湖北	247,868	1,366,668	5.5	47%
	湖南	212,294	1,173,471	5.5	402%
	四川	1,091,183	5,235,211	4.8	219%
華南	福建	90,686	520,587	5.7	608%
	広東	219,040	1,092,437	5.0	171%
	広西	123,334	616,670	5.0	67%
	貴州	5,465	31,413	5.7	
	雲南				
内陸	青海 新疆 チベット	13,709	69,597	5.1	0%
	合計	8,950,857	52,415,142	5.9	99%

の避難民を受け入れたこと、華中の盆地の開拓が進んだことなどが、その背景にある。長江下流域のデルタは、唐代にはまだ開発が進んでいない。

人口史の上で唐代で特筆すべきことは、羈縻《きび》政策である。「羈」は馬の手綱、「縻」は牛の鼻綱の意味。唐朝は異民族を直接には統治しないものの、手綱や鼻綱を放さずに制御する政策を採った。異民族の首長に都督などの役職を与え、配下の部族民を支配することを認めた。間接統治なので、王朝がその戸数や人口の統計を取ることはしない。こうした羈縻政策のもとにあった戸数は、おおまかな推計で河北が八〇〇〇あまり、遼寧が五〇〇〇、四川が九万五〇〇〇程度、貴州が一〇万ほど、雲南で九万四〇〇〇、広西で五万ほど、総計三五万戸程度だとされる。

唐といえばシルクロードが連想される。唐の勢力圏に組み込まれたオアシス都市の人口は、伊州（ハミ）が一万人、西州（トゥルファン）が五万人、庭州（ビシュバリク）一万人程度だった。そのほかに焉耆（カラシャフル）一万三〇〇〇、クチャ二〇万人、カシュガル四万人、ホータン五万人と見積もられる住民が暮らしていた。

安史の乱後の戸口調査の断絶

唐朝の繁栄に終止符を打ったのは、七五五年から七六三年まで続いた安史の乱である。この叛乱の引き金を引いた安禄山の出自は、西域の交易をになったサマルカンドのソグド人。安禄山が、その配下の史思明とともに起こした叛乱には漢族の武将以外にも、モンゴル系の契丹やテュルク系の突厥などの異民族が多く加わっていた。

二世紀なかばに始まり、後漢の崩壊、三国時代・魏晋南北朝と続いた第二サイクルでは、中国文明の圏外で生活していた異民族が、文明の光に引き寄せられるように接近していた。安史の乱に多様な民族が関わったことは、第二サイクルの一つの帰結だということができよう。八世紀なかばに始まる第三のサイクルでは、これまで異民族とされていたモンゴル系、テュルク系、ツングース系の諸民族が、中国人口史へと包摂されるプロセスをたどる。

安史の乱が唐朝の屋台骨を揺るがした理由は、単に安禄山が皇帝の寵愛を受けた楊貴妃に取り入ったということにあるのではない。八世紀の前半にはすでに、唐朝の人民を直接に把握する力は、弱まり始めていた。租庸調制は形骸化し、戸籍で把握している人民を兵役に徴用することが難しくなった。その欠を埋めるために、兵士を募集して供与を支払う募兵制に移行した。

募兵は一種の傭兵で、その軍団の指揮官は節度使と呼ばれる。節度使は一定の区域の支配を委ねられ、そこから得られる財政収入で、傭兵を養った。軍団と節度使との関係は密接なものとなり、節度使が唐朝に叛乱を起こせば、その軍団もそれに従うことになる。

七二〇年代には一〇の節度使が置かれた。唐朝の力は衰え、直接に統治できる範囲は狭まり、首都の長安と副都の洛陽の周辺を除いて、それ以外の地域の統治は節度使に委ねざるを得なくなる。節度使が統治する領域は、藩鎮と呼ばれる。

当然のように戸口調査は形骸化する。記録に残る戸口数は、七五四年に九〇〇〇万戸あまり（『唐会要』巻八四）を頂点に、七六四年には三〇〇〇万弱と激減（同、『冊府元亀』巻四八六）、その後も二五〇〇万戸から多くて四〇〇〇万弱のあいだで増減する。

戸口調査の問題点は、本籍で人民を把握し、本籍で徴税・徴用しようとしたところにある。ところが実際には、本籍からほかの土地に移住している者が少なくなかった。さらに有力者のもとに戸籍を編入させて、負担を逃れようとする者もいた。こうした戸籍の転入者は、「客戸」と呼ばれた。「客」という言葉には、「よそから来た」という意味がある。客戸に対して、本籍地に住む者や他人の戸籍を受け入れている者は、「主戸」という。租庸調制では客戸に負担を求めることはできない。唐朝の財政基盤は、脆弱になった。

七八〇年にこの弊害を解決するために、「両税法」と呼ばれる新しい税制が施行された。そのポイントは、主戸と客戸を区別せずに、資産額に応じて負担を求めるところにある。また秋と夏の二回に分けて納税させるので、「両税」という名称が生まれた。秋の納付は収穫物で夏は銭で行われることが多いため、「秋糧・夏税」とも呼ばれる。この税制は一六世紀後半まで、内実を変えながらも存続する。

唐朝はこのような税制改革を行うものの、国力を回復するにはいたらなかった。戸口調査についても、八四四年に五〇〇万戸弱を記録したあと、戸籍の記録は続かない。それから三一年後の八七五年に勃発した黄巣の乱により、唐朝の統治体制は瓦解する。各地の藩鎮は勝手に動きはじめ、全国的な戸口調査などを落ち着いて実施するような時代ではなくなってしまう。名目の上でも唐朝が消えたのは、九〇七年である。

節度使が割拠した時代は、「散」のステップに相当する。

遼朝の人口

第三サイクル期にあらたに中国人口史の舞台に加わったのが、現在の行政区でいえば中国の内モンゴル自治区の東部と中国東北三省(黒竜江省・吉林省・遼寧省)、ロシア極東の南部を含む範囲である。この領域を一語で示す便利な用語が、清朝を建てた満洲族に由来する「マンチュリア」であるが、日本の傀儡政権「満洲国」を連想させるために、中国や日本ではあまり使われていない。

この新たな舞台を鳥瞰すると、北は外興安嶺(スタノヴォ山脈)によってシベリアと区切られ、南北に連なる大興安嶺を挟んで、東にはモンゴリナラ(蒙古櫟、学名 *Quercus mongolica*)が主要な樹種となる冷温帯落葉広葉樹林、西にはモンゴル高原に連なる草原が広がっていた。のちに遼朝を建てる契丹の支配層は、大興安嶺の南麓、シラムレン川の流域から勃興した。

　草原と樹林帯とにまたがる地域で育まれた契丹は、もともと遊牧と狩猟と農耕とを組み合わせた生業形態を持ち、唐代になると中国内地との交易も合わせて、独自の文化を作り上げていたと思われる。西の草原ではテュルク系の突厥やチベット系のタングート、東の樹林に進んではツングース系の諸民族を、制圧し吸収する。その過程で自身の配下に多様な人々を包摂していった。契丹が築いた政権は、騎馬民族というイメージではくくれない、多様性を持っていたのである。

　九一六年には国号を「遼」とした。その後もその勢力圏は拡大し、東では渤海国を滅ぼし、現在の中国東北部の沿海部およびロシアの極東地域を支配し、マンチュリア全域を版図とするようになる。渤海国は海洋と陸路とを結び、日本とも交流し、交易で繁栄した国だった。遼朝はその遺産も引き継ぐことになる。

　南に向かっては華北の一部を獲得する。燕雲一六州と呼ばれる地帯で、東は「燕」と呼ばれた北京周辺から、西は「雲」と記される大同まで、東西に連なる。第一章で言及した代国の地は、当時は蔚《うつ》州と呼ばれて、この一六州のなかに含まれている。

　燕雲一六州の一角は宋朝に奪われるが、一〇〇四年に奪還するために、遼朝は大軍を起こす。宋との戦争は膠着し、和平交渉を行った。遼朝は領土回復をあきらめ、宋に対して弟分となることを認める代わりに、宋朝が絹と銀とを年ごとに貢納することを認めさせた。盟約が結ばれた土地の名を冠して、「澶淵《せんえん》の盟」と呼ばれる。その盟約に基づき、遼朝は華北の一部分を安定的に支配することが可能となった。

遼朝の版図は、遊牧を主な生業とするモンゴル高原、狩猟・採取と農耕を組み合わせていた中国東北部、さらには農耕が主な生活のより所となっていた華北平野の北部を含み込むことになる。多様な生態環境を含み込んだ結果、環境の違いに基づく交易も発達し、都市も発達した。

このように発展したにもかかわらず、人口史から遼朝をみると、情報が極度に少ない。遼朝の総人口の推計値は、研究者ごとに振れ幅が大きい。ウィットフォーゲルは、遼朝の人口は三八〇万程度だと推測する。近年の人口史研究者の王孝俊は、一三〇〇万人だとしている。ちなみにウィットフォーゲルは、遼朝がその後の金朝・元朝そして清朝にまで継承される「征服王朝」だという説を、一九四九年に提唱した歴史学者である。

このように遼朝の人口推計が難しい決定的な理由は、一一二五年に中国東方区部から勃興した金朝と宋朝とに挟撃されて滅んだ際に、記録がほとんど失われたことがある。正史のなかで『遼史』がもっとも内容がない、と評価されるゆえんだ。

史料的な問題のほかに、遼朝の人口の推計が難しい理由がある。遼朝は遊牧・狩猟採集・農耕など生業が異なる領域を支配したために、戸籍登録の制度が全国で一律ではなかった。

遊牧や狩猟を主な生業としているモンゴル系やツングース系の人々に対しては、もともとの部族制を保持して、兵役や軍馬の提供を求めた。その管理に当たったのが、北面官である。

一方、農耕地帯は南面官が管轄した。渤海国の旧領地と燕雲一六州に広がる農耕地帯では、州県の行政単位を通して、唐代の制度を引き継いで住民を把握したと考えられる。貧富の格差は大きく、どこまで正確に戸口を調査できたか、はっきりとはしていない。史料から抽出できる戸数を合計しても、二八万戸あまりにすぎない。

宋朝の戸口調査

節度使の系譜から九六〇年に誕生した宋朝は、一〇世紀後半に中国の大半を統一する過程で、八世紀なかばから続いていた分散的な政治体制を、根本的に変化させた。南の宋朝と北の遼朝とが並び立つことで、その後の人口史の流れの分岐点となる「離」のステップに、サイクルは進む。

各地でその地の住民を支配していた節度使から、宋朝は権限を差し出させ、軍事力を中央に集中させることに成功した。ついで官僚を登用する科挙制度を改革した。地方に対しては、節度使のもとで行われていた統治機構に、科挙で採用した文官を段階的に送り込んで州県を管理させた。さらに「路」と呼ばれる区域を創設して、州県の行政が正しく行われているか、監督させる体制を創った。数十年の時間をかけて生み出された統治機構のもとで、久しぶりに全国的な戸口の調査を実施する条件が整えられたのである。

宋朝はその初期から、戸口の調査を重視した。建国した翌年には、各州の役人に対して、戦乱を避けて流亡した人民の定住化を進めて、その戸口と耕地の面積を中央に報告するように指示する。さらに人民の戸籍を五段階に分けるとともに、各州の役人には逃亡者がいてもその税負担を近隣や親戚のものに転嫁してはいけないとし、逃亡の連鎖を引き起こさないように配慮している。ほどなくして、州県の官僚はその管轄内の人口の増減で勤務評定するとした。

建国から三年目にあたる九六三年には、さっそく広範囲の戸口調査を命じている。そのなかで、「各州は毎年、戸帖を報告する。丁口は男夫は二〇歳から丁とし、六〇歳からは老、女性は調査する必要がない」(『続資治通鑑長編』巻四)とある。こうした方針で戸口調査が行われた結果、宋朝には一戸あたりの口数は、二人程度となってしまう。そのため、宋代の人口は、各戸の家族数を五として推定することになる。

八世紀後半に両税法が施行されると、徴税の重点が土地に置かれるようになる。こうしたプロセスは、宋朝が成立するまえに分立していた各政権のもとで進行し、宋朝はその流れを継承した。一〇三三年に制度化された「五等丁産簿」は、各戸の資産を基準にして等級を決めるものので、三年ごとに編纂されることになっていた。この帳簿に登録されたのは、土地などの資産を持ち、納税の義務を負った「主戸」であった。一等から三等までの上等戸は、地主層だと考えられている。四等・五等の下等戸は自作農が相当する。

これに対して資産を持たず、納税義務を負わない家は、「客戸」と呼ばれ、五等丁産簿には登録されない。客戸の多くは、上等戸の地主から土地を借りて農耕を営む小作農だったと考えられる。宋朝は納税する戸の範囲を拡げるために、客戸であった家が自立して自らの耕地を持つように促し、また下等戸が没落して客戸に転落することを防ごうとした。こうした目的のために、帳簿の査定に際して、客戸を対象とする登録も行われた。査定の結果、主戸は全体の三分の二、客戸は三分の一を占めることが判明した。

保甲制と人口統計

上等戸・下等戸・客戸という区分で戸口を把握する体制が整ったころ、宋朝は難題に直面する。いまの甘粛・寧夏を版図とする夏朝（東洋史では「西夏」）が一〇三八年に成立、宋朝とのあいだで戦争が始まる。これに呼応して遼朝が、澶淵の盟で一旦はあきらめていた領土割譲を、あらためて求めてきた。宋は遼に対して送っていた貢納の額を増やすことで、ことを収め、西夏に対しては貢納することで和平を結んだ。宋は貢納の負担だけではなく、夏朝と遼朝に対する防衛のために、国境に軍隊を張り付けておかなければならない。これらの財政負担が、宋朝を苦しめることになった。

歳入の方は、減少傾向にあった。大地主や大商人が土地や資産を占有し、税を負担する主戸のなかから没落する戸が増えたためである。科挙を経て官僚を出した戸は、「官戸」という枠に入り、地方行政の雑務を担う職役を免除されるという特権を享受した。職役は一般の主戸に転嫁され、主戸が客戸に没落する要因となった。

宋朝が抱えた課題を一気に解決しようとしたのが、王安石が実行した諸改革である。その内容は多岐におよぶが、なかでも人口統計にかかわる政策が、保甲法の導入ということになる。この改革で施行された保甲制は、その後も近代にいたるまで治安維持のために用いられるとともに、人口統計の基礎ともなった。

一〇七〇年に試験的に首都の開封周辺を対象に定められた「畿県保甲条例」では、一〇家を一小保、五〇家を一大保、一〇大保を一都保に編成し、二人以上の丁がいる家からは一人が出て治安維持や地域防衛の職務に就くことになっている。その後、一〇八一年には夏朝との国境近くで、軍事的な色彩の強い五家を一小保とする制度が施行され、ほどなくして全国的に展開されるようになる。

保甲法の重要なポイントは、主戸・客戸の区別なく編成されたところにある。また一五歳から六〇歳の男子「正丁」だけでなく、それよりも若年の「幼丁」、高齢の「老丁」も、保甲簿

表 2-4　宋代の南北戸数統計(呉(2001))

	980 年	1078 年	1102 年
北方	2,544,447 (40%)	5,664,046 (34%)	5,917,638 (33%)
南方	3,874,053 (60%)	10,939,908 (66%)	12,196,307 (67%)
合計	6,418,500(100%)	16,603,954(100%)	18,113,945(100%)

に登録された。もし保甲のなかで外地に逃亡したり移住したりして戸が絶えたり、それとは逆に外地から移入して新たな戸が建てられたりして、地域の戸に変動があった場合には、保甲簿に反映させる決まりとなっていた。人口を把握するうえで精度が高い保甲簿は、徴税用の五等丁産簿と照合された。

客戸が戸口調査の対象となった。客戸は耕作地のほかに家屋や役畜、農具も土地の保有者から借りており、隷属的な立場に置かれていた点は、唐代と変わらない。しかし、宋代には地主が耕地を他人に売った場合、耕作を担っていた客戸は、土地の買い手に帰属した。つまり客戸は貴族に人身的に隷属するのではなく、土地に賃貸関係で縛られていたことになる。客戸は地主の庇護を受けていないため、王朝も直接に補足することが可能になったのである。

宋代の戸数統計

宋代の主・客戸数の動向を、秦嶺淮河線で北方と南方とに分けて示した(表2-4)。これをみると、総戸数は九八〇年の約六四二万戸から、約一〇〇年後の一〇七八年には一六六〇万戸と二・六倍に増えている。この増加率は不自然で、戸数登録の制度の違いの結果とみるべきだろう。

一〇七八年の戸数は、五等丁産簿によって戸数を登録する制度が施行されたのちに行われた調査に基づいている。この数字には客戸が含まれている。一一〇二年の戸数は、保甲法が行われた時期で、徴税用の登記簿に保甲簿のデータが反映されており、精度が高い数値だと考えられる(表2-5)。

唐代中期にはすでに人口の比重は、南方が北方を超えていたが、その傾向は宋代を通じて強くなっている。九八〇年には戸数の約六〇%が南方に属していたものが、一一〇二年には、六八%と上昇している。第二サイクル期の七五二年と第三サイクル期に宋朝が把握している一一〇二年の戸数とを比較してみると、江西・福建での増加率が七・九倍、一二・四倍と極めて高く、湖南・湖北が四から五倍、江蘇・安徽・浙江・広東・広西といった華中・華南が二・五倍となっている。

他方、北方に属する山東・山西・陝西・甘粛は増えてはいるものの二倍には届かず、かつて中原と呼ばれた河北・河南は減少している。雲南や貴州・内モンゴル・寧夏などは、もはや宋の版図から抜け落ちている。

増加が著しい地域では、盆地や山麓の扇状地での開発が進んだ。資産を有する有力な同族集

表 2-5　西暦 1102 年の戸口統計(趙・謝(1988))

		1102 年		752 年⇒1102 年 戸数増減率
		戸数	推計口数 (各戸 5 人)	
東北	黒竜江			
	吉林			
	遼寧			
華北	河北	804,736	4,023,680	72%
	河南	1,264,412	6,322,060	95%
	山東	1,425,908	7,129,540	167%
	山西	741,428	3,707,140	116%
	陝西	1,109,020	5,545,100	147%
西北	内モンゴル			
	寧夏			
	甘粛	355,508	1,777,540	162%
華中	江蘇	1,088,066	5,440,330	224%
	安徽	1,273,988	6,369,940	275%
	浙江	1,525,636	7,628,180	200%
	江西	2,088,024	10,440,120	785%
	湖北	1,194,576	5,972,880	482%
	湖南	819,494	4,097,470	386%
	四川	1,850,451	9,252,255	170%
華南	福建	1,124,420	5,622,100	1240%
	広東	581,698	2,908,490	266%
	広西	319,457	1,597,285	259%
	貴州			
	雲南			
内陸	青海			
	新疆			
	チベット			
	合計	17,566,822	87,834,110	196%

団が山から河川が平野部に流れ込む扇頭から開発を進め、用水路やため池などを整えた。さらに同族の人々や客戸と呼ばれる小作農民を率いて、荒れ地へ赴き農地を拓いた。

福建では農業開発が進むものの、急峻な山地が海に迫るという地勢のために、可耕地は少ない。農業を補ったのが、東南海岸における海洋交通の発達だ。インド洋沿岸からムスリム商人が来港して交易を行った。ムスリム商人がもたらした造船技術や遠洋航海術、海外の知識は、中国から海洋に乗り出す機運を醸成した。大型の外洋帆船が作られ、それまで沿岸航海が一般的だった中国人が、大海を突っ切って取引を行うようになった。

江蘇・浙江にまたがる長江下流域デルタでは、唐代から海岸や河川に堤防が造成されはじめ、徐々に低湿地を干拓する素地がうまれたが、全面的に開拓するにはまだ時間を要した。宋代には「蘇湖熟すれば、天下足る」という言葉が生まれたとされる。これはデルタ地帯ではなく、太湖の湖畔での水田開発が進んだことを反映している。蘇湖とは江蘇省の蘇州、浙江省の湖州を指しており、湖畔で生産された米穀の集散地となっていた。さらに、ベトナム中部のチャンパ国から早稲品種の占城米が導入され、二期作が可能となり米穀の生産量を押し上げた。

華北では西夏や遼に領地を奪われただけではなく、戦乱で受けた被害からの回復が遅れていた。そのなかで首都の開封の発達は著しい。宋朝は南方から物資を輸送する大運河の整備と保全に力を注ぎ、開封の人口を支える条件を作った。戸数も九八〇年の一七・八万戸から、一一〇二年には二六・一万戸に膨れ上がっている。一戸あたりの家族を四人とすると、首都の人口は一〇〇万人となる。これに宮廷に住む皇族や宦官、政府機関に所属する官僚、首都防衛にあたった禁軍の兵士、出稼ぎ労働者や雑業従事者といった暫住者などを加えると、総人口は一〇〇万をゆうに超えていたと思われる。

金朝の戸口調査

宋朝が繁栄を遂げていた一一世紀、マンチュリアの北東部には、まだ中国文明の影響をあまり受けていないツングース系の人々が住んでいた。シャーマンの告げる言葉をよりどころに生活をかたちづくる文化を、ツンクース系の民族は共有している。北東アジアの大河・松花江は、現在の朝鮮と中国との境界線上にそびえる長白山に源を発し、平原を潤しながら北流し、アムール川へと注ぎ込む。この松花江流域から、ジュシェンと自称するツングース系の民族が歴史の表舞台に登場し、中国人口史の幅を広げるうえで、重要な役割を果たすことになる。

ジュシェンは狩猟・漁撈と採取、農耕と牧畜、砂金や毛皮などの交易を主な生業とし、契丹が勃興したときには、その勢力のもとで生活していた。中国側の資料では、ジュシェンの音を漢字に当てはめて、当初は「女真」と表記されていたが、のちに遼朝の皇帝の名称に遠慮して、「女直」と記されることが一般的になる。「女」は「ジュ」という音を写したものだが、中国文明の男尊女卑の文脈でみると、見下すニュアンスが含まれる。

一二世紀のはじめ、遼朝の圧政に反発して政治的にまとまる機運が生まれ、ジュシェンは一一一五年に独立して、金朝を建てる。彼らの言葉で「金」は、アルチュフという。ジュシェンが生業としていた砂金の交易が、この名称の由来とされる。

金朝の軍事力の基盤が、ミンガン(猛安)とムケ(謀克)と呼ばれる社会・軍事組織だった。本来の意味は、ミンガンは「千」、ムケは地縁的な単位を指し、金朝のもとで行政単位として整備され、三〇〇戸が一ムケ、一〇ムケ(三〇〇〇戸)が一ミンガンとなる。ムケとミンガンの長官はその地位を世襲し、平時には行政単位として人々の生活を律していた。

戦時には一ムケから一〇〇人、一ミンガンからは一〇〇〇人の兵士が徴用されて、軍団を形成する。生活の単位がそのまま軍隊となることで、結束力が強く、統制が取れた軍団が編成される。これが金朝が強大な勢力を獲得して、中国史の主役として登場する原動力となった。金朝は勢力を拡大するなかで、あらたに服従させた契丹や渤海の出身者を、ミンガン・ムケ制に編入していく。

金朝は宋朝と連携して一一二五年に遼朝を滅ぼして、大興安嶺を越えてモンゴル高原の東南部(現在の内モンゴル自治区東部)を版図に加えた。一方、宿願だった燕雲一六州回復を金朝の力を借りて果たした宋朝は、新興勢力の金朝の力を削ごうと動く。これを背信行為とみた金朝は、宋朝の領域内に攻め入り、一一二七年に宋の首都・開封を陥落させ、皇帝を始め大半の皇族を捕虜として連れ去り、中国の北半を征服した。

その後金朝は、南に退いた宋朝(東洋史では「南宋」と記される)と対峙し、一度は大軍を擁して淮河を越え、長江の北側に位置する揚州を陥落させるところまで進んだが、長江を越えることはできず、内紛もあって退く。結局、乾燥した華北と湿潤な華中とを分ける淮河が、金朝と宋朝との境界として定まることになった。

もともと宋朝の版図だった華北を統治することになった金朝は、その社会制度を大きく変えざるを得なくなった。ジュシェンの故地だった北東アジアよりも温暖で豊かな華北を手に入れた金朝は、故地には未練を残すことなく河北や山東に徙民する。戸口の調査は、宋朝の地方行政単位だった州県制と、金朝の行政・軍事制度のミンガン・ムケ制の二本立てで行われるようになった。

表2-6　金朝戸口統計(袁・王(2012))

	戸数	口数	各戸口数
1187年	6,789,449	44,705,086	6.6
1190年	6,939,000	45,447,900	6.5
1195年	7,223,400	48,490,400	6.7
1207年	8,413,164	53,532,151	6.4

金朝のもとで行われた戸口統計をみると、一一八七年から一二〇七年までの二〇年間で、戸数は二四%の増加している(表2-6)。この時期に金朝は、宋朝の文化の影響を受けてジュシェンの気風を失ったとはいえ、政治は安定しており、史書には「明昌の治」と称されている。

西暦一二一〇年の戸口数

一二世紀なかばの大局は、南宋は臨安(現在の杭州)を首都にして華中・華南を統治、金朝は華北とマンチュリア全域を版図とし、宋朝が金朝に臣下の礼を尽くす形となっていた。一方、西北アジアでは夏朝(西夏)が甘粛・寧夏と陝西の一部を版図とし、金朝に服属している。そのさらに西北では、モンゴルの勢力が興隆しはじめていた。人口史の点からみると、宋朝は州県制によって、金朝は複数の制度を併用して戸口調査を行っていたが、西夏については、人口に関する数値をほとんど残していない。

一二一一年、モンゴル帝国が本格的に矛先を東に向け、金朝への攻略を開始する。その直前の一二一〇年について、宋・金の戸口統計を合計し、現在の行政区に割り当てた。一一〇二年と比較して各省の戸数の増減を合わせて示す(表2-7)。なお、南宋の数値は、口数から算出した推計値である。

まず気づかれることは、黒竜江・吉林・遼寧について、戸口の実証的な数値が掲げられているという点だ。金朝成立以前について、中国の人口学者はツングース系の諸民族の戸口の推計値を挙げてはいるが、実証的な根拠はない。ツングース系のジュシェン族が建てた金朝のもとで、もちろんすべての住民を網羅した統計ではないものの、王朝が直接に住民を把握できるようになったのである。

表をみると宋朝と金朝とのあいだの交戦地帯となり、また国境線で分断された江蘇・安徽・湖北で、戸数が減少している。その一方で、かつて遼朝の版図に組み込まれて、戸数調査が行

表 2-7　西暦 1210 年戸口統計(趙・謝(1988))

			1210 年 戸数	1102 年⇒1210 年 戸数増減率
東北	金	黒竜江	5,375	
		吉林	36,455	
		遼寧	500,927	
華北		河北	1,998,801	248%
		河南	2,708,785	214%
		山東	1,822,873	128%
		山西	1,296,369	175%
		陝西	768,578	69%
西北		内モンゴル	194,974	
		寧夏	57,876	
		甘粛	440,162	124%
華中		江蘇	838,347	77%
		安徽	756,474	59%
	南宋	浙江	1,635,089	107%
		江西	2,500,427	120%
		湖北	381,849	32%
		湖南	1,290,150	157%
		四川	2,207,634	119%
華南		福建	1,525,510	136%
		広東	522,045	90%
		広西	450,624	141%
		貴州		
		雲南		
内陸		青海		
		新疆		
		チベット		
合計			21,939,323	125%

われていなかった黄河流域が、金朝の版図に組み入れられたことにより、河北・河南・山東・山西の戸数が増加。陝西については、その西北部が西夏の版図に組み入れられ、データがないために表では減少している。

宋朝が統治した華中の浙江・江西は、微増。浙江には、開封から遷都して生まれた臨安（現在の杭州）がある。皇室関係者や官僚・兵士などが移り住み、その人口は近郊を含めておよそ一五〇万人に達したといわれる。湖南は一・六倍と増加が著しい。その背景として、湖南は首都・臨安に対する米穀などの物資供給地として位置づけられ、農地の開拓が進んだことがあげられる。明代に「湖広熟すれば、天下足る」という言葉が生まれるが、その条件が宋代に整い始めていたとみるべきだろう。

特筆すべき事は、金朝と宋朝の公式の統計による戸口を合算すると、総人口が一億の大台を超えた点である。登録されていない人口を推計すれば、おそらく一二世紀なかばには、すでに一億を超えていただろう。しかし、戸口統計に基づいた戸数が超えたことの意義は、中国人口史のうえでは大きい。

元朝の成立

中国の西北に位置するモンゴル高原で興隆したモンゴル帝国は、一二一一年に金朝を攻略してマンチュリアと華北の大半をその版図に加え、一二二七年には西夏を滅ぼす。一二五三年には、チベット高原の東縁を南下して雲南を征服し、南宋に背後から圧力を掛ける。ハーンの座をめぐる内部抗争を制したフビライは、一二六二年に華北で勢力を維持していた在地軍閥を打倒すると、中央集権的な地方行政機構を整備し、一二六五年には路・州・県の三階層の行政区を置いた。こうして華北での地盤を固めると、一二六八年から南宋攻略に着手する。

一方、モンゴル帝国の盟主としてフビライは、帝国の主軸を中国に据えるという構想を進めた。一二七一年に「大元」と国号を定め、現在の北京の位置に「大都」を造営して帝国の首都とした。一二七九年に宋朝を滅ぼし、中国を一つの政権のもとで統治することになった。ユーラシアの各地に拠点を定めていたモンゴル領主層に対しては、中国で得られる財を分配することで、元朝の皇帝が帝国の盟主の座に就くことを認めさせた。

多くの概説書は、「国号を中国風に改めた」と記す。しかし、「元」という国号は、中国の伝統から外れている。それまで歴代王朝は、王莽の「新」とジュシェンの「金」を除いて、周代の邑や領域の名称を王朝名に用いてきた。フビライが決めた「大元」という国号には、周朝以来の「中国」という枠組みを越え、ユーラシア全域、当時の認識では世界全体に君臨する帝国だという、自負が込められている。

明代初期に編纂された元朝の正史『元史』には、中国全土をほぼ手中に収めた一二九〇年の戸口として、戸数一三〇〇万強、口数五九〇〇万弱と記録されている。南宋と金朝の人口を加算して推定した約一億という一二一〇年の人口から、八〇年間で半減したことになる。

モンゴル帝国が拡大するなかで、大量虐殺が行われたことは史実である。モンゴル軍に抵抗した場合には、徹底的に略奪と殺戮が行われた。モンゴル帝国の建国を宣言する前年から始まる西夏への攻略では、西夏の兵士だけではなく、住民に対しても虐殺が行われた。一二二六年にモンゴル軍の侵攻に抵抗した粛州(現在の甘粛省酒泉市)では、徹底した殺戮が行われ、生きながらえたものはわずかに一〇六戸に過ぎなかったという。

モンゴル帝国の攻撃を受けて金朝が華北から後退すると、各地で自衛のために武装集団が生まれ、そのなかからしだいに有力な軍閥が割拠する状況が現れた。モンゴル軍が住民を追い立てるように南下してくると、人々は軍閥のもとに逃げ込むか、黄河以南に流れていくか、あるいは死を待つか、いずれかの道に追い込まれていく。混乱のなかで疫病が流行し、多くの人命が失われた。

フビライがモンゴル帝国のハーンに即位したとき、その身辺には契丹や漢族のブレーンがおり、華北における無意味な虐殺を止めさせている。南宋の攻略にあたっては、十全の準備をほどこしていた元軍を前にして、宋朝の軍事・行政機構は対処できず、自己崩壊していく。江南の州県は投降し、首都・臨安は明け渡された。元軍の指揮官は軍兵に略奪を禁じ、財物を粛々と接収した。宋の残存勢力は華南で抵抗を続けはするが、大規模な戦闘は行われず、人口に深刻な影響を与えたとは考えられない。

　元朝の人口の実態を検討する際には、まず元朝が補足した「戸」は、具体的にどのようなものだったのか、考える必要がある。

元朝の「戸」

　遊牧の最小の単位を、モンゴル語で「アイル」と呼ぶ。親族関係で結ばれた小集団で、一緒に移動し、幕営地ではいくつかのゲルに分かれて寝起きし、家族総出で家畜の世話をする。ゲルとはフェルトで覆われた椀型の天幕で、中国語ではパオ(包)と呼ばれる。モンゴル帝国の基を創ったチンギス＝ハンは、それまでの氏族に基づく社会組織を、アイルを単位として編成し直した。彼がライバルに打ち勝ち、世界帝国を築いた原動力は、この新たな社会・軍事組織にある。

　匈奴の時代から存在していた十進法の組織原理を用いて、一〇のアイルをアルバン(一〇戸)、一〇のアルバンをジャグン(一〇〇戸)、その上の単位として一〇のジャグンからなるミンガン(一〇〇〇戸)に組織した。一二〇三年に西の強敵ナイマン部征討に先立って、ミンガンを単位とする組織を編成した。歴史教科書で「千戸制」と表記される。一二〇六年のモンゴル帝国建国時には、九五のミンガンが存在し、帝国の軍事・行政組織の基礎とした。なお、モンゴル帝国の「千戸(mingγan)」と金朝の「猛安(ming-kan)」は、同義語である。

このミンガン制は、それまでの血縁に基づく部族・氏族という枠組みを越えて、遊牧民族を糾合することを可能にした。「戸」と漢籍は記すが、これを世帯と考えると、実態とは離れてしまう。親族的な絆で結ばれた小規模な遊牧経営体、とでも表現すればよいのかもしれない。

『中国人口通史』の「元代巻」を担当した李莎は、九五の千戸ということで、モンゴル帝国創生期の世帯数を九五〇〇〇戸とし、各戸の家族を五人弱として、人口を四五〇万人程度だとする。各戸五人という数値は、飢饉のために流入した貧民に食糧を配給したときの記録に基づいている。流民の世帯は、生業の単位ではない。「戸」という漢訳された用語で人口を推定することは、大きな誤差を生むだろう。

一二六四年に、元朝独自の「戸」に基づく納税の制度を施行した。

人戸はその資産の多寡に応じて、三等九甲の段階に分けて、「鼠尾文簿」に登録する。軍戸と人匠は、別の帳簿に登録し、それ以外の站戸・医・卜・打捕鷹房・種田・金銀鉄冶・楽人などのすべての諸色戸は、民戸といっしょに調べて、「鼠尾〔文簿〕」に登録する。站戸は馬銭を納め、打捕鷹房は革製品と鷹を、金銀鉄冶はそれぞれの本業〔の金・銀・鉄〕を納める。その他の諸色戸が納めた物産は、評定して「鼠尾〔文簿〕」に載せ、交鈔に換算して納める。（『通制条格』巻一七「賦役・科差」）

「鼠尾文簿」とは、ネズミの尾のように太いものから細いものへと、等級の順番で登録した元代の課税台帳。兵士を出す軍戸や手工業に従事する匠戸は、それぞれ別の帳簿が作成され、モンゴルが征服した漢族地区で編成された軍戸からは徴兵し、匠戸からは手工業品を徴収した。それ以外の諸色戸には、駅逓を担当する戸や鷹狩りに従事する戸、貴金属や鉄を精錬する戸などが属し、それぞれの生業に特化した物産を取り立てることになっていた。それぞれの戸は親から子へと世襲された。

元朝の戸は、ミンガン制でみられたように、生業に基づく徴税の単位ということができる。人口の大多数を占めたと思われる農民は、民戸として登録される。引用した史料に登場する戸のほかに、斡脱《オルトク》戸は皇室や貴族が出資する銀の運用を任された。医術を生業とする医戸、占いなどを行う陰陽戸、儒学を修めた儒戸などもある。さらに僧侶や道士、也里可温・答失蛮などの宗教を専業とする戸もあった。なお也里可温（モンゴル語 ärkägün）とはキリスト教徒・神父のこと。ペルシア語経由で入ったギリシア語 ἄρχων に由来する。答失蛮はイスラームの聖職者を指し、ペルシア語で有識者を意味する Dānish-mand を漢字に写したものである。

徴税・賦役の制度は、金朝の版図に組み込まれていた華北と、南宋の版図だった華中・華南とでは大きく異なる。華北では主に賦役が人民の負担となった。これに対して華中・華南では、宋代に施行されていた両税法がそのまま踏襲され、秋糧では穀物が、夏税では布や生糸などの現物が徴収された。

宋代と大きく異なる点は、元朝の国家財政は商業活動に課される商税と専売制のもとで徴収される塩税に依存しており、農民が納めた穀物や現物は地方政府の財源とされたことだ。そのため、戸口調査は国家財政と直結していないため、元朝は宋朝ほど農家の戸数の把握に、熱心ではなかったと推測される。

元朝の把握した戸数には、元朝の支配層、軍戸・匠戸に編成された人民、僧侶・道士などの宗教関係者などの世帯は含まれない。また、貴族に与えられた領地の住民も、戸籍に登録されなかった。その実数を推測する手がかりを見いだすことはできないものの、一二九〇年の戸数は、記録に残る一三〇〇万を上回ると考えられる。

元代の戸口統計

元朝が地方の戸口を把握する制度は、金朝が支配していた華北と、宋朝が統治していた華中・華南とでは、異なっていた。具体的には、現在の北京を中心とする河北・山東・山西は

「腹裏」と呼ばれ、中央政府の直轄となった。それ以外の地域は遼陽・河南・陝西・四川・甘粛・雲南・湖広・江西・江浙に分けられ、それぞれの行政区には皇帝に直属する「行省《こうしょう》」と呼ばれる官庁が置かれた。各行省は管下の地域において、民政・財政・軍事の一切を統括した。中国で使われている地方区分としての「省」は、元代の行省制度を起源としており、現在の湖南省と湖北省は湖広行省に、江蘇省と浙江省は江浙行省にそれぞれ相当する。

行省の管下には、古くは秦朝の郡県制にさかのぼる行政区域であった州・県を末端とし、この州県を統括する行政区「路」を置き、諸路総管府という役所に管理させた。特に華北では漢族の軍閥が握っていた州県の人事権を、王朝のもとに取り戻す役割を、諸路総管府に派遣されたダルガチが負った。なお、ダルガチとはモンゴル帝国に由来する役職で、日本語の「代官」といったニュアンス。モンゴル語では征服者という意味がある。古くからモンゴル帝国に帰属していた人々に、その役職が充てられている。つまりダルガチとは、「古参」といったところだろう。戸口の調査は、諸路総管府の監督のもとで州県を単位として行われた。

一三三〇年の元朝の戸口統計を、ここでみておこう（表2-8）。

金朝と宋朝の戸数を合算した一二一〇年の戸数・口数と比較すると、金朝の版図に属していた吉林・遼寧および華北の河北などで戸口が激減していることがわかる。吉林では口数が不明だが、人口の減少も著しかったはずだ。華北でも金朝の滅亡とモンゴル軍による虐殺、住民の

表 2-8　西暦 1330 年の戸口統計(李(2012))

		1330 年			1210 年⇒1330 年 戸数増減率
		戸数	口数	各戸口数	
東北	黒竜江	20,906	?		389%
	吉林	4,367	?		12%
	遼寧	50,728	426,146	8.4	10%
華北	河北	579,321	1,369,219	2.4	29%
	河南	184,495	819,784	4.4	7%
	山東	395,212	1,273,561	3.2	22%
	山西	232,020	529,410	2.3	18%
	陝西	48,498	422,574	8.7	6%
西北	内モンゴル	28,459	139,950	4.9	15%
	寧夏				0%
	甘粛	47,947	401,938	8.4	11%
華中	江蘇	1,531,487	8,113,901	5.3	183%
	安徽	736,210	4,047,554	5.5	97%
	浙江	2,384,280	10,505,715	4.4	146%
	江西	2,819,116	14,524,972	5.2	113%
	湖北	396,707	2,437,071	6.1	104%
	湖南	1,919,144	5,719,064	3.0	149%
	四川	81,407	526,924	6.5	4%
華南	福建	1,300,817	6,214,195	4.8	85%
	広東	504,628	2,346,886	4.7	97%
	広西	537,616	2,395,068	4.5	119%
	貴州				
	雲南				
内陸	青海				
	新疆				
	チベット				
	合計	13,803,365	62,213,932	4.5	63%

流民化のために人口の実数が減少していた。農業などの復興に熱心ではなかった元朝の統治下で、戦乱の痛手が癒えていなかったと考えられる。モンゴル系の王族や貴族に分与された領地「投下領」の住民も、戸数統計に含まれておらず、隠れた人口も少なくなかった。

他方、華中の江蘇・浙江・江西・湖南では、戸数の増加が観察される。宋朝の地方行政機構が元朝にも引き継がれ、戸数の調査が行われたと思われる。特に江蘇・浙江では、宋代から行われていた両税法を踏襲して、住民を把握して徴税をきびしく行った。これらの行政区からの穀物の供出量は、他の地域と比べて突出している。モンゴルと南宋との激戦地となった安徽では戸数がさらに減少し、湖北は宋最盛期から減少したままで回復していない。

華南では広西で戸数が増加する一方で、福建と広東は微減となっている。雲南にはフビライの庶子が大理国の領土に封じられて梁国を開き、小王国として自治を行っていたために、元朝の戸数調査の対象となっていない。また、四川・貴州などでは、先住民族の首長に官職を与えて「土司」とし、その地の住民を統治させるという政策を展開したために、元朝が直接に統計を取ることはなかった。

全体的にみると、一二一〇年に一億を超えていた人口は、モンゴル帝国下で六〇〇〇万人程度に減少したとみられる。ただしこれは、あくまでも王朝が把握した人口に過ぎないが。

第三章　人口統計の転換
――一四世紀後半から一八世紀まで

東ユーラシア史の鳥瞰図

前章では、中国人口史の第二と第三の合散離集サイクルを扱った。

第二のサイクルは、西暦二世紀なかばに後漢が人口を把握する力を失うところからはじまり、唐が最盛期を極める八世紀なかばで終わる。その間、三国時代・南北朝という分散の時期を経て、隋により再び徹底的な戸口調査が可能となり、異民族をも取り込みながら、中国の文明が及ぶ範囲が広がるとともに、人口の重心がしだいに南方へと移動しはじめた。

二世紀の中国文明圏を俯瞰すると、北ではモンゴル高原東部の草原で遊牧していた民族の影響がしだいに強くなる。南では豪族のもとに身を寄せて奴婢として生活する比率が増えてくる。王朝の仕組みが根底からゆらぎはじめる。三世紀に入り三国時代となると、分散が決定的になる。魏は北方の草原の世界との関係のなかで新たな仕組みを模索し、呉は東南山地を包摂しようとした。四川盆地に依拠した蜀は南西に影響力を拡げはじめた。

三世紀なかばともなると、南北それぞれが、新しい文明の仕組みを模索して対抗しあう「離」のステップになる。北では草原の世界から生まれた北魏が遊牧の世界を中国文明のなかに組込もうとし、南に退いた漢族の王朝は常緑広葉樹に覆われた大地の開発に専念した。四世紀から六世紀までの「散」「離」の期間は、戸口統計が揃わないため、全体の人口動向を把握できない中国人口史の空白期となった。

これら南北の文明を止揚した王朝が、六世紀後半に北方と南方との境界線から現れる。隋と唐である。隋朝を「集」のステップだとすると、その成果を継承した唐朝は「合」だということができよう。屯田制度を起源とする徴税制度は、戸を単位としていたため、統計は戸数のみで、口数は記録させなかった。

第三サイクルは、唐朝が安禄山の離反によって揺らぎ出す時期にはじまり、藩鎮の分立から五代一〇国にいたる「散」の状況を経て、北では遼・西夏・金が、南では宋ないし南宋が、それぞれ新しい秩序を構築しようと対立した「離」の時期までを含む。この段階では、シルクロードを経てヨーロッパにつながる草原、および東南アジアを経てインド・イスラム世界につながる海洋、この二つの領域が中国文明に影響を与えるようになる。

しかし、この第三段階は完結することなく、中国をめぐる情勢は激変する。モンゴル帝国がユーラシア全域にまたがる秩序を構築、中国はそのなかの一部に組み入れられたのである。中国文明が東アジアを舞台として繰り広げてきた自己拡大の過程はそこで終わり、新たなステージに入る。

本章では、一四世紀なかば元朝の勢力が衰えたのち、一八世紀に清朝が東ユーラシアを統合するまでの時期を扱う。

元朝衰退後の東ユーラシア

モンゴル高原とマンチュリア、さらに中国のほぼ全域を支配した元朝は、時代の流れを東ユーラシア・ステージに引き上げた。人口史の対象となる民族の生業も、モンゴル高原の草原における遊牧、マンチュリアの冷温帯落葉広葉樹林における狩猟採取、華北の暖温帯落葉広葉樹林と華中・華南の常緑広葉樹林における農耕、さらにそれらの地域を結びつける商業など、多様であった。

一四世紀に入ると、元朝では皇位の継承をめぐり、中央の政治は混乱を極めた。さらにユーラシア全体が小氷期に入り、中国においては農業が低迷した。モンゴル高原では、寒冷化にともない遊牧民の各部族が南下する傾向を強め、玉突き的に移動するなかで、混乱が生じるようになっていた。追い打ちを掛けるように、モンゴル軍の移動とともに感染が広がったと推定されるペストなどの疫病が、蔓延するようになる。

一三四二年から黄河が氾濫し、華北平野が大きな被害を受けることになる。黄河大洪水は元朝のとどめを刺す。洪水対策のために着手した治水工事の現場で叛乱が起き、一気に華中に広がったのである。物資の供給を華中の江南地域に依存していた元朝の皇室にとって、江南と首都圏とのあいだに広がる淮河流域で叛乱が拡大したことは、致命的だった。

元朝の華中に対する統制力が減退すると、江蘇や浙江で塩の密売人や海賊あがりの勢力が勃興し、それぞれ政権を打ち立てた。群雄が繰り広げたトーナメントを制した朱元璋は、一三六八年に南京を首都として明朝を建て、華北に対して軍を進める。モンゴルの皇室はさほど躊躇する様子も見せずに、モンゴル高原へと後退した。

元朝衰退後、東ユーラシアは短い「散」のステップを踏んで、「離」の段階を経て、再び清朝によって統「合」される。離のステップでは、東ユーラシアの南東部には明朝、西北部には北元、北東部にはジュシェンなどが、それぞれ分立した。そのいずれもが、元朝の遺産をなんらかの形で引き継いでいた。

人口史の視点でみた場合、人口統計のもとになる調査を行っていたのは、明朝だけであった。明朝が元朝から負と正の二つの遺産を引き継いでいたために、そうせざるをえず、またそうすることも可能となった。

北元では安定した政権が生まれなかったが、統合が進んだ時期には、元朝をモデルとしてモンゴル帝国の再興が試みられた。モンゴル高原南東部で接する中国から物産を入手し、高原南西部からシルクロードのオアシス都市と交易を行い、ユーラシアの東西交易を掌握することで、勢力を盛り返そうとしたのである。また元朝を創建したフビライを見習って、チベット仏教との関係を深めたことは、のちのチベット高原を東ユーラシア史に引き込む契機となった。

元朝はマンチュリアにも勢力を伸ばしており、その時期にジュシェンは元朝に服属していた。史料が乏しいが、ジュシェンは元朝とのあいだで毛皮を貢納して、中国物産を輸入する交易を発展させていたと推定される。この関係は明朝との朝貢貿易に引き継がれ、ヌルハチがジュシェンを統合して政権を樹立する経済的要因となった。

ジュシェンの統領は、北元からハーン位を受け継ぎ、民族名をジュシェンから満洲と変え、一六三六年に満洲族・モンゴル族・漢族の推戴を得て清朝の建国を宣言する。一六四四年に明朝が滅亡した直後に、北京を占領して中国を支配下に置く。かつて元朝の版図であったモンゴル高原・チベット高原・マンチュリアならびに中国本部を統合する帝国が、こうして成立したのである。

少数の満洲族が圧倒的多数の漢族を支配する清朝は、人民を飢えさせないことを至上命題とした帝国であった。数量的に人民を把握するために、一八世紀前半に人口統計上の大転換がおこなわれた。ここから本書の本題、「なぜ一八世紀に人口爆発が起きたのか」というテーマに切り込むことになる。詳細に論じていこう。

明朝の「戸」

一三六八年に建国を宣言した明朝が、元朝から引き継いだ負の遺産とは、次のような事情である。モンゴル帝国の盟主として君臨した元朝のもとでは、ユーラシア全域の諸文明・文化と交易を行うため、どこに持って行っても通用する銀が通貨となった。元朝は交易路の整備や通商の効率化を進めて、銀流通の回転速度を上げ、フローを改善した。しかし、ユーラシアに存在していた銀のストックには限界があり、一四世紀には行き詰まる。元朝は「交鈔」という紙幣を発行して、銀の替わりとしようとしたが、発行量を調整できずにインフレを招き、財政的に破綻する。

元朝が引き払ったあとの中国は、銀を退蔵する富裕層と貨幣経済からはじかれた貧困層とに二極化する社会が残された。朱元璋はこの状況を打破するために、銀遣いの経済を停止し、現物と労働力とを直接に国家が把握することで、帝国の財政を立て直しを図ったのである。現物を徴収し、労働力を徴用するために、戸口の調査を厳密に実施した。

明朝が語られるとき、往々にして元朝を飛ばして宋朝との連続性が強調されることが多い。しかし、明朝が直前の元朝から引き継いだ正の遺産も少なくない。朱元璋は元末の混乱で疲弊した社会を立て直す基礎を定めるために、戸口の調査を重視したが、その対象となった「戸」は、元朝の「戸」と同じように、職能によって区分され、世襲される単位だった。

明朝には、大半の農民が編入された民戸のほかに、全土に配置された衛所と呼ばれる軍事組織に属する軍戸、陶磁器や絹織物などを供出した匠戸、専売制となっていた塩の生産に従事する竈戸《そうこ》が存在した。一五世紀なかばごろまで、明朝の財政は基本的に、民戸が納める穀物と労働力、軍戸が担う兵力、匠戸が皇室に納める工芸品など、現物と徴用に支えられていた。

王朝が成立して間もない一三七〇年、財務を司る戸部から次のような布告が、口語で記されて発布された。

戸部は洪武三年一一月二六日に聖旨を奉じ、戸部の官員に次のように命じる。いま天下は太平となったが、戸口はまだ明白になっていない。中書省に天下の戸口の勘合文簿と戸帖とを置くようにする。おまえたち戸部〔の属員〕は家ごとに立て札を出し、役人たちに自分が所管している〔戸口調査の〕対象となる〈百姓《ひゃくせい》〉（人民）のすべてを役場に出頭させ、〔戸主の〕名前に付して、その家の人口の多寡を正しく記載させる。百姓に一セットの戸帖を与え、上には割り印を用いて勘合（照合）させ、付き合わせて回収する。

このたびは我が大軍は出征しないかわりに、〔部隊が〕各州県と里とに赴いて、現地で里を巡って戸ごとに点検して照合する。ちゃんと対応していれば良い百姓だが、もし齟齬があった場合にはひっとらえて従軍させる。点検期間に担当の官吏が隠し立てをしたり、偽ったりしたら、その官吏は斬首に処す。百姓たちが〔登録から〕逃れようとしたら、律によって罪過を問い、ひっとらえて従軍させる。

これを慎め。うやうやしく従うほか、割り印を押した戸帖は、その戸に発給して管理させる。（中国社会科学院歴史研究所編『徽州千年契約文書』第一巻）

この布告にみられる中書省は、古くは三国時代にまでさかのぼる中央官庁で、皇帝の発する詔命を起草する秘書的な機関。元朝のときにモンゴル帝国にあった軍事・行政・監査など広範な業務を掌握する執政局を漢訳するときに、この古来の名称が充てられた。明初の中書省は、元朝のそれを引き継いでいる。戸部が戸口調査を行い、最高執行機関であった中書省に、戸口のデータを集約することになっていたのである。

これに対応する『明実録』洪武三年一一月の条には、戸部が戸籍と戸帖を作成し、各戸の本籍地、丁口、氏名、年齢などを戸籍と戸帖とに記載させ、番号を振って照合して戸部の印を押し、戸籍は戸部に収め、戸帖は人民に発給するとある。

この戸口調査は、明朝の版図の全域で、軍隊まで動員して全人口を網羅することを目的に行われた。中国人口史の古典ともいうべき著作をまとめた何炳棣は、明初の戸口調査を「中国最初の人口センサス(国勢調査)」だと評価している。断片的に残る戸帖からも、定式に基づいて調査が実際に行われたことがうかがわれる。

里甲制と戸口調査

戸部が担った戸口調査のデータは、中書省に送られることになっていた。一三八〇年に中書省が廃止され、戸部などの六部が皇帝直属となったあとも、継続的な戸口の調査は、一三八一年から施行された里甲制と呼ばれるメカニズムで実施された。里甲制について、簡単に説明しておこう。

税糧を支払い、賦役として労働力を提供する義務を国家に対して負う人々は、「戸」と呼ばれる単位で把握された。一一〇の戸からなる「里」を組織し、そのなかで指導的な立場の「里長戸」を一〇戸、それぞれの里長戸は一〇の甲首戸を統括する。国家に対する義務を負担しない戸は、「帯管戸」「畸零戸」などと呼ばれ、一一〇戸のほかに付加された。衛所に配属された現役兵を除いて、民戸以外の三つの種類の人々も、里甲に編成された。

里は税糧徴収と労働力徴用の単位であるとともに、地元における治安維持や水利管理などの役割も果たす。毎年、一つの甲が当番となり、里長戸はその甲首戸を指揮して徴税や徴用などを担うこととなっていた。一〇年すると当番が一周する。そのあいだに人数などが変動する。里甲制の台帳である賦役黄冊を一〇年ごとに改訂して、戸の名称や各戸が管理する耕地面積などの変化を把握させることとした。その際に、戸口の人数も調査された。

明朝において人民の負担は、「徭役」と「税糧」から成る。徭役とは、労働力の提供であり、成年男子「丁」に対して課されていた。この労働力の提供には、「里甲正役」と「雑役」の二種類。里甲正役とは、里甲制の根幹に関わる労働であり、その内容には税糧の徴収と納入、里内の治安維持と治水灌漑などの生産基盤の整備、さらに賦役黄冊の改訂作業などが含まれる。後者の雑役には、国家が行う土木事業に赴いて働いたり、地方の官署で必要とされる雑務を担ったりする労務が含まれる。

税糧は、田地に対する課税であり、唐代に施行された両税法にさかのぼる負担。税糧は「秋糧」と「夏税」とに分類された。秋糧は穀物を現物で納付し、夏税は布などの形で納入する。秋糧の徴収は各里の里長が行い、その里甲の収穫から規定された量の穀物を指定された地点に運送して、直接に国の倉庫に納めた。国家の財政を支える税糧は、地方官の手を経ることなく国家に納められた。里甲制は、それまで地方官が担っていた役割を在地の住民に担わせようとする制度であるといってもよい。

一一〇戸で村落を編成するという極めて機械的な制度が、机上の空論ではなく、少なくとも徙民政策の編成原理として実施されていたことは間違いない。

金朝が滅亡してからというもの、華北の平野部は農業生産が停滞していた。それに加えて元末明初の戦乱は、華北の平野部を主要な戦場とした。人口が激減し、村落は荒廃し、生産は停滞していた。そこで明朝は、戦乱の影響が比較的少なかった山西省の住民を、華北平野に入植させる政策を展開した。この政策は一四世紀後半に始まり、一五世紀前半の永楽年間まで継続されたと見られている。

徙民政策を進めるなかで、親族的な絆を持たない人々を寄せ集めて、里甲制の組織原理に基づいて、集団を編成して移入先に送り出した。入植地では複数の集落に分かれて住んでいても、一一〇戸の里という行政単位は維持されたのである。

調査結果を地域別に細かく検討すると、すべての地域で里甲制が原則通りに実施されたわけではなかったようだ。南京を中心とした中央政府の近隣では里甲制が貫徹し、戸口データはきわめて正確である。しかし、遠隔地の省のデータの信頼度は落ちる。たとえば福建省では、住民が自己申告する際に、実際には多くの世帯から構成されていた同族集団をまとめて一つの戸として登録することが横行していた。

里甲制が施行された直後の一三八一年と、一三九三年の戸口統計を表に掲げておこう(表3-1)。里甲制に基づく戸口統計には、調査時の不備によって人口の実態を正確には反映しては

表 3-1　明初戸口統計（曹（2001））

	1381年		1393年	
	戸数	口数	戸数	口数
北平（河北）	34	189	33	193
山東	75	520	75	526
河南	31	189	32	191
山西	60	403	60	407
陝西	29	216	29	232
京師（江蘇・安徽）	194	1,024	191	1,076
浙江	215	1,055	214	1,049
江西	155	898	155	898
湖広（湖北・湖南）	79	459	78	470
福建	81	384	82	392
広東	71	317	68	301
広西	21	146	21	148
四川	21	146	22	147
雲南			6	26
貴州				
合計	1,066	5,946	1,066	6,056

単位：万

いないものの、傾向をつかむことができる。

元代に行われた戸口統計（表2-8）と比較すると、東北三省は明朝の版図から離れたために、表には載ることはない。河北は中国の首都が北京から南京に移ったために、戸数は減少している。口数が増えているのは、元代に登録していなかった人数が王朝に把握させたためであろう。山東・河南・山西で戸数が増加している理由としては、モンゴル系貴族の投下領内の戸口が、明代に新たに登録されたことが挙げられる。

他方、華中の京師（南京が管轄する江蘇南部と安徽南部）・湖広（湖北・湖南）および福建は、元末明初に群雄が割拠して争ったために、戸口は減少している。広東と四川は流民を受け入れたために、戸数が増加したと考えられる。

見落とさないでいただきたい点は、一三八一年の表にはなかった雲南が、一三九三年に記載されていることである。明朝建国時の雲南は、フビライの系譜を引く王が統治していた。一三八一年に明は三〇万人もの遠征軍を派遣し、翌年に制圧する。この戦役を期に、雲南に定住した漢族は少なくなかった。

一三八一年と一三九三年とを比較すると、一二年間に華北で一戸あたりの口数が、〇・二人ほど増えている。混乱がおさまったことが、生育率を高めたと考えられる。

明代中期以降の戸口統計

明朝を建国した朱元璋（洪武帝）は、流浪する乞食僧から身を起こし、元末の混乱期に民衆の塗炭に苦しむさまをつぶさに体験し、人民が安心して暮らせる社会を創ろうとしていた。その理念を現実のものとする前提として、帝国の正確な人口を把握しようとしたと考えられる。しかし、実際の政治のなかで、その理念は壁にぶつかり、朱元璋の焦燥感はしだいに現実から遊離した独善的なものに変わり、挫折感は大規模な粛正を呼ぶことになった。

里甲制によって集計される戸口統計も、洪武期が終わると実態を反映しなくなり、賦税を徴収する単位として形骸化する。成人男子に相当する「丁」を徴用する賦役があるため、戸口を登録する際に、人数を実際よりも少なく申告することが、一般的に行われるようになったのだ。

明代初期には里甲制などの戸メカニズムを整備し、人民から直接に労働力を徴発する制度が実施された。一六世紀になると中国全体が銀に基づく経済に巻き込まれた結果、労働力を提供する代わりに銀に換算して納めるようになる。これが丁銀と呼ばれるものである。一般的な言葉に置き換えるならば、人頭税ということになる。

こうなると各戸に何人の丁があるか、その実数を把握する意味がなくなる。戸口統計を集計する官吏も、帳簿のうえで操作するだけで、実態を把握しようとはしない。統計の戸口の数値と実際の人口とのあいだの乖離は、甚だしいものになる。

里甲の台帳である賦役黄冊は、一四二一年まで帝国の首都であり、北京遷都後には副都とされた南京に送られ、後湖(玄武湖の別名)の湖畔に置かれた黄冊庫に保存された。一五一三年に黄冊庫の事務官が編纂した『後湖志』に、黄冊に基づく戸口のデータが記載されている。『後湖志』はその後も明末の天啓年間(一六二一~二七年)まで増補されている。

『後湖志』に基づいて一五四二年の口数を、一三九三年と比較してみよう(表3-2)。華中に属する京師および浙江・江西、華南に属する福建・広東・広西は、三割から五割も減少している。これに対して、華北ではその間に首都となった北平(北京周辺)の人口が倍増以上となったほか、華北に属する山東・河南・山西・陝西の人口は軒並み増加している。西部の四川や雲

表 3-2　明代人口（曹(2001)）

		1393 年 口数	1542 年 口数	年平均 増加率 (‰)	1542 年 推定人口
華北	北平（河北）	1,926,595	4,568,259	5.811	4,568,259
	山東	5,255,876	7,718,202	2.582	7,718,202
	河南	1,912,542	5,278,275	6.836	5,278,275
	山西	4,072,127	5,069,515	1.471	5,069,515
	陝西	2,316,569	4,086,558	3.817	4,086,558
華中	京師（江蘇・安徽）	10,755,938	10,402,198	−0.224*	18,584,468
	浙江	10,487,567	5,108,855	−4.815*	18,120,768
	江西	8,982,481	6,098,931	−2.595*	15,520,230
	湖広（湖北・湖南）	4,702,660	4,436,255	−0.391*	8,125,413
	四川	1,446,778	2,809,170	4.463	2,809,170
華南	福建	3,916,806	2,111,027	−4.140*	6,767,588
	広東	3,007,932	2,052,343	−2.562*	5,197,205
	広西	1,482,671	1,093,770	−2.040*	2,561,808
	貴州		266,920		266,920
	雲南	259,270	1,431,017	11.531	1,431,017
合計		60,525,812	62,531,295		106,105,395

*華北（山東・河南・山西・陝西）の年平均増加率の平均値を増加率 3.67‰ とした場合の推定口数

南・貴州は、明初にはまだ里甲制が十分に浸透していなかったことを反映して、増加している。

北京の人口が増えたのは、遷都にともなって移入した人口だとしても、華北が増え、華中・華南が減少しているのは、賦税の負担の相違に起因するものだと考えられる。全般的に華北では負担が少ないために、あえて丁数を偽る必要性が低かったのに対して、負担が重くのしかかった華中・華南では、登録されないヤミ人口が多くなったと推定される。

一六世紀なかばになると、銀を主軸通貨とする経済がさらに発展し、商品流通を促進する。それまで北方の異民族に対する防衛ラインが必要とする糧食などは、現物での納付が原則だったものが、現地で流通している物資を購入できるようになる。秋糧の徴税もかさばり、扱いに手間の掛かる穀物ではなく銀で代納させ、その銀を帝国が必要な場所で使えばいい。ちょうどそのころ日本で石見銀山が発見され、大量の銀が中国に流入したことが、その傾向を促進した。

一六世紀後半、用役の代わりに銀を徴収し、糧食を換算して銀で納付させることが一般化してくると、まとめて集めてしまおうという合理化が進むことは、自然の流れである。耕地の調査を全国規模で行うことで、この合理化が進む。そうして一条鞭法と呼ばれる税制が普及する。この新しい税制のもとでは、戸口調査を実施する必要性は、もはやない。価値を生み出す耕地を把握することに、明朝は力を傾注するようになった。

モンゴル高原の政治動向

ここで東ユーラシアの西北に、目を向けてみよう。

一三六八年に元朝の宮廷は、モンゴル高原に退く。中国史では元朝から明朝へと王朝交代が行われたとするが、広く東ユーラシア史としてみた場合には、元朝はけっして滅んではいない。

東洋史では「北元」と呼ばれる。ここで簡略に、流れを紹介しておこう。

　北元史を理解するためには、モンゴル高原の自然地理と、「チンギス統原理」と呼ばれる正統ハーン継承の条件という二つのポイントを、まず押さえておく必要がある。

　モンゴル高原の北側には、シベリア高原と隔てる山脈が東西に連なり、南側はチベット高原の南麓となる。中央には、ゴビ沙漠が広がる。この沙漠の北側の草原は「漠北」、南は「漠南」と呼ばれる。

　高原の西はアルタイ山脈、東は大興安嶺によって、仕切られている。中央部には、南北にハンガイ山脈が連なる。この山脈の東側の草原では、フビライの系譜を引くモンゴルの部族が、西側ではモンゴル系ではありながら言語が少し異なるオイラトと呼ばれる部族が、それぞれ遊牧を行っていた。

　高原から西南に降ると、タクラマカン沙漠を東西に結ぶシルクロードに接合することができる。高原から東南に降り陰山山脈を越えると、チベット高原から流れ出た黄河が大きく湾曲する「河套《かとう》」に出る。この地は歴史上、遊牧系の民族が中原に攻め込むときのルートになってきた。北元の時代に「オルドス」と呼ばれるようになる。

　モンゴル帝国がユーラシアの大半を統合したあとの時代、各地に成立した政権が支配のより所とした理念が、チンギス統原理と呼ばれるものである。それぞれに地盤を持つ王（ハン）を束ねて帝国を形成する皇帝(ハーン)は、チンギス＝ハンの男系の子孫でなければならないという政治的な通念である。モンゴルの言葉としては、「アルタン・ウルク(黄金の氏族)」となり、中国語では「黄金家族」と表記される。

一二六〇年にモンゴル帝国東方に勢力基盤を持つチンギス＝ハンの孫にあたるフビライが自派の部族長を集めて、帝国の最高議決会議クリルタイを開催して、皇帝位ハーン即位を宣言すると、帝国西部に基盤を持つフビライの弟のアリクブケも別にクリルタイを招集してハーンに即位した。その後、一二六四年まで両者の抗争が続く。このときオイラトはアリクブケの側に立って、フビライ軍と戦った。この内戦はフビライの勝利という結果となり、フビライが建てた元朝が帝国の盟主となったものの、オイラトはその勢力圏外であった。オイラトは、モンゴル統原理ではハーンになる資格は持たないものの、アリクブケの一族と何重にも婚姻関係を結ぶことで、遊牧社会における権威を確保していた。

一三八八年に元朝の正統なハーンが明朝との戦闘に敗れて落ち延びる際に、仇敵アリクブケの子孫が率いる軍によって捕らえられ、殺される。こうしてフビライの系統が途絶えた。オイラトはアリクブケの後裔をハーンとして擁立することで、他のモンゴル系諸部族を糾合した。

一五世紀なかば、オイラトからみずから正統ハーンとなろうとした英雄が現れる。エセンである。彼の父親は、チンギス＝ハンの末裔をハーンに擁立して権威を確立していた。父からその権威を引き継いだエセンは、ゴビ沙漠から西南に遠征し、オアシス都市ハミを制圧する。さらに東に向かって大興安嶺を越え、マンチュリアに進出した。西はモンゴル高原の範囲を越えてアルタイ山脈の西におよび、テュルク系の民族も支配下においた。

エセンは明朝に圧力を掛け、朝貢貿易において多くの物産を提供するように要求するが、明朝は対応できなかった。エセンは、一四四九年に明朝領域内に侵攻、現在の宣府の土木堡で明朝の正規軍を包囲殲滅し、皇帝を捕虜にする。歴史に名高い「土木の変」である。皇帝を人質にして交渉するも、埒があかなかった。エセンは再び侵攻して今度は北京を包囲するが、城を破ることはできなかった。

この戦略の失敗は、エセンの北元内での権威を失墜させた。擁立していたハーンとも対立してハーンを戦で破って死地に陥れ、一四五三年にみずからがハーンに即位した。そのときの漢語による称号は「大元天盛大可汗」であり、元朝の大可汗すなわち正統ハーンと称したのである。しかし、オイラト出身のエセンの即位は、チンギス統原理に反していた。エセンのハーン即位はオイラトを含めモンゴルの諸部族からの支持を得られず、一四五四年に起きた叛乱のなかで命を落とすことになる。

モンゴル帝国再興の夢

エセンの死後、オイラトは西に引き上げる。その後しばらくのあいだ、チンギス＝ハンの末裔が、ハーンを称する時期がしばらく続くが、モンゴル高原を統一するハーンは現れなかった。モンゴルの年代記は、エセンにより根絶やしにされたフビライの後裔が、再び北元の正統ハーンとして登場するまでの貴種流離譚を語る。その人物がダヤン＝ハーンである。

一六〇七年に作成されたと推定される『アルタン＝ハーン伝』によると、即位した時期にはダユン＝ハーンと呼ばれていたらしい。すなわち大元(ダーユァン)の皇帝(ハーン)である。明朝側の史料でも、「大元大可汗」と記されており、元朝のハーンであると、同時代人から認められていたと考えられる。

一五世紀なかばごろ東モンゴルは、トゥメンを単位として編成されていた。中国語では「万戸」と記され、ミンガン(一〇〇〇戸)よりも一桁大きな社会単位ということになる。人口史のうえで、一つのトゥメンが一万戸から構成されていたと見なすことはできず、遊牧地を共有するいくつかの部族の連合体と考えたらよいだろう。

ダヤン＝ハーンは、東モンゴルを六つのトゥメンに編成し、正統ハーンを首長とするチャハル＝トゥメンを含む左翼三トゥメンを漠北に、右翼三トゥメンを漠南に配した。一六世紀なかばに右翼を統括したのが、ダヤン＝ハーンの孫にあたるアルタン＝ハーンである。

人口史として重要な出来事は、アルタン＝ハーンのもとに、多くの漢族が流入したことである。漢族は「バイシン（板升）」と呼ばれる土塁で囲まれた居住区ごとに組織された。バイシンとは中国語で人民を意味する「百姓（バイシン）」に由来し、モンゴル語では「土やレンガ、木や石で建てられた尖った屋根を持つ家屋」という意味となり、移動を旨とするモンゴル人の住まいゲルとは対極的な、固定式の定住家屋を指す。中国側の史料によると、大小の定住区域に暮らす人々は五万を超えたという。

こうした定住者は農業を営み、農民は穀物のほかに果樹も栽培し、鍛冶や木工などの職人も含まれていた。一五六五年には漢族を定住させるために、大きなバイシンが建設される。のちにフフホトとして発展することになる。

おそらくアルタンは、中国からシルクロードを経て地中海世界に達する交易を再開し、財政的な基盤を強化してモンゴル帝国の再興を夢見たのではないだろうか。失われた元朝の首都「大都」（今の北京）をモデルとして、フフホト整備のプランを立て、漢族のバイシンを改造して宮殿の造営に着手した。さらに明朝と交渉を行い、一五七一年に明朝の年号を冠する「隆慶和議」が結ばれ、朝貢貿易が開始されることになった。

モンゴル高原東部の体制が整うと、タクラマカン沙漠のオアシス都市に、和睦のための斥候と官人と使者を使わした。オアシス都市からもたらされた貢ぎ物の一部は、アルタンから明朝への朝貢品に含まれ、また明朝の物産はオアシス都市に運ばれたと考えられる。ユーラシアをめぐる交易の路が拓かれようとした一五八二年、アルタンは病に斃れる。享年七五であった。

清朝の興隆

筆を少し前に戻そう。マンチュリアは一五・一六世紀、西からは北元、南からは明朝という二つの帝国に挟まれていた。

大興安嶺の東麓には北のアムール川流域から南下したモンゴル系の民族が、狩猟採取と遊牧とを組み合わせた生活を営んでいた。明初に北元との緩衝帯とすることを期待して、明朝はその部族に対して宥和政策を採り、三つの衛(軍事基地)に組織した。これを兀良哈《ウリヤンハイ》三衛という。この部族は北元が強勢を取り戻すたびに侵略を受け、押し出されるようにして明にしばしば叛乱を起こしていた。明朝は引き留めるために、境界で交易する「馬市」と呼ばれる交易会を催すことを許していた。

一方、アムール川流域、現在のロシアの極東東部と中国の黒竜江省では、樹林における狩猟とオホーツク海沿岸における漁撈にいそしむツングース系の民族が暮らしていた。狩猟の技術は卓越しており、彼らが捕るクロテン(学名 *Martes zibellina*)などの毛皮は、ユーラシア全域で渇望される交易品となっている。

マンチュリアの中心部には、かつて金朝を建てた民族ジュシェンが暮らしていた。その生業と生活域に基づいて、明朝は彼らを三つに区分している。北の森の民を「野人女直」、オホーツク海沿岸からマンチュリア中部までの領域を生活圏としていた諸部族を「海西女直」、そして明朝と境界を接する地域に住む諸部族を「建州女直」と呼んだ。明朝は異民族との緩衝とするために、建州女直をあらたに三つの衛に組織した。

一六世紀に東ユーラシア全域の交易が盛んになると、建州女直は明朝との交易ルートを掌握し、毛皮やチョウセンニンジンを輸出することで財力を養った。マンチュリアの他の勢力は交易の喉元を押さえられているために、建州女直に対して従属的な立場に立たされる。このような政治経済の状況を背景にして、建州女直を統一したヌルハチがアイシン・グルンを建てる。直訳すれば「金国」となるが、一二世紀の金朝と区別するために、一般に「後金」とされる。

後金は他のジュシェンも統合し勢力を拡大、第二代のホンタイジが北元からハーンを継承すると、民族の表記も「女直」から「満洲」と改め、またかつての金朝を凌駕したということで、一六三六年に国号をダイチン・グルン（大清帝国）とした。帝国になったことを認めようとしない朝鮮に大軍を率いて親征し、一六三七年に屈服させた。ウリャンハイも相次いで、この新興の帝国に服属している。

後金、清朝はともにモンゴルからの影響が強い。ヌルハチはモンゴル文字を参考に満洲文字を定め、ホンタイジは満洲語の一音が一文字で表記できるよう改良した。

人口史から見た初期清朝

人口史の視点からみた場合、社会に基づいて行政と軍事を一体化させたグサと呼ばれる組織を、ヌルハチが編成したことが重要である。有事の際に成年男子三〇〇人を徴兵する社会的単位をニル、五つのニルを統括する単位がジャラン、さらに五ジャランを束ねたのがグサである。グサは総計七五〇〇人の兵士を組織できる単位となり、すべての満洲人がいずれかのグサに組織された。

グサは中国語で「旗」と表記され、一六〇一年にまず四つのグサ、一六一五年に四つのグサを加えて満洲八旗とした。ホンタイジの統治下では、モンゴル族を編入した蒙古八旗、漢族を組織した漢軍八旗が編成された。一七世紀のあいだ、清朝は満洲八旗の首長・王公の合議で政策が決められているが、皇帝は満洲八旗のなかの三旗の首長として、他の旗の首長よりも上位に立った。

ヌルハチとホンタイジは明朝攻略を夢見たが、その前提として人口を増やすことが課題となった。戦争を繰り返した目的の一つが、捕虜を獲得するところにある。一六二八年には「国人で貧しく妻がないものには、銀を支給し娶らせる」という指示を出し、早婚を推奨している。

一六三二年には、漢族の女性や寡婦には投降してきた明の兵士と結婚させ、服属したモンゴル族には馬を与えて妻子を養えるようにするとともに、兵士として活躍する機会を与えた。ホンタイジが死去した翌年、明朝は農民叛乱によって、一六四四年に滅んだ。その隙を突いて、清朝の軍勢が長城を越えて北京を占領した。

ちょうどそのころに日本海に面する図們江（豆満江）の河口あたりに漂着した日本の漂流民は、故地を離れて北京に向かう民族の大移動に遭遇し

北京に参る時分、韃靼（マンチュリアに対する日本の呼称）より引っ越しそうろう男女、三五、六日、路のあいだひきも切り申せずそうろう。（国田兵右衛門・宇野与三次郎『韃靼漂流記』）

と述べている。清朝は北京城内の漢族を徙民し、そのあとに八旗を移住させて城内に住まわせた。この大移動の結果、マンチュリアの土地は人口が激減し、農地が荒廃したことが知られている。

清朝が中国全土を統合する過程で、その風俗であった弁髪を強要したこともあり、反発した漢族に対して苛烈な虐殺も行われた。しかし、最終的に一六八〇年代初頭には雲南・広東・福

建に配された漢人武将の叛乱(三藩の乱)を鎮圧し、台湾に拠って明朝の復興を掲げていた鄭氏政権を降伏させ、以後、政権の基盤が確立する。

清朝の版図は、明朝と北元とを合わせた範囲に広がる。その皇帝は、四面体である。満洲八旗の統領であると同時に、モンゴル族に対しては大元から受け継いだハーン、漢族に対しては明朝皇帝と替わった皇帝であった。清は明を滅ぼしたのではない。明を滅ぼした叛徒を駆逐したのだと、その帝位の正統性を主張できた。

一八世紀にはダライ＝ラマとのあいだに、「ユン(施主・檀越)・チュ(寺・僧侶)」の関係を樹立させる。チベット族に対して清朝皇帝は、最大の施主となり、ダライ＝ラマの代替わりにも介入するようになる。モンゴル高原西部でオイラトの系譜を引くジュンガルが勃興すると、遠征軍を送って制圧する。それを契機にして勢力を西にも伸ばし、東トルキスタンのムスリムの保護者という、もう一つの顔も持つようになる。

一八世紀に清朝は、東ユーラシアステージを「合」のステップに進めたということができよう。

中国人口史の大転換

中国の全土を統治する体制が整った一七一二年、康熙帝(本名は愛新覚羅《アイシンギョロ》玄燁《ヒョワンエ》)は、大きな決断を下す。

康熙帝が深刻な問題として意識したことは、王朝が人民の実数を把握できないということだった。領土を視察するなかで、その危機感は明確になった。現実を知らなければ、漢族に比して少数民族である満洲族が、中国の支配を安定させることは難しい。このことを実感していた皇帝は、丁銀(人頭税)額の固定という思い切った決断をする。

正しい人口を登録しても税負担が増えないとなれば、税逃れのために隠されていた人口が表に現れ、実数を把握できる。一七一一年の調査で記載された人丁数に対応した税額で固定するという勅令が、一七一二年に出された。一七一一年以降に登録された人丁は、「盛世滋生人丁」と呼ばれる。盛んな時代に繁殖した人口という意味であり、つまり清朝による平和な時代となった一六八〇年代に出生したベビー・ブーマーだった。

この盛世滋生人丁の制度は、丁銀を固定した。しかし、まだ丁銀が消滅したわけではない。五年ごとに行われる登録簿の改訂の時期になると、削除された人丁を補充する作業を行う。登録簿を管理している県の役所に勤める事務員は、勝手に手数料を定めるようになった。皇帝の恩恵として丁銀の総額が固定されたものの、実際は手数料が丁銀の数倍にもなるといった状況になった。しかも手数料を払える富裕な家は丁銀を免除され、貧しく手数料を支払えない家ばかりに丁銀の負担が集中するようになった。

康熙帝の死後、一七二二年に皇帝の座についた雍正帝(本名は愛新覚羅胤禛《アイシンギョロインジェン》)のもとに、各地から盛世滋生人丁制の弊害に関する報告が届く。解決方法は一つしかない。丁銀を土地税のなかに繰り込み、二〇〇〇年の歴史の重みを持つ「丁」そのものを、税制のうえで消滅させることである。この政策を「地丁併徴」という。山東省で一七二六年に実施され、以後、条件が整った省で施行された。一番遅れた山西省でも一七三一年には地丁併徴が実施され、全国に新しい税制が普及し人頭税は消滅した。新しく成立した税制は、地丁銀と呼ばれる。

地丁銀はその後の人口統計に、画期的な変化をもたらすことになる。

戸口から民数へ

一七九三年、八二歳という高齢になっていた清朝皇帝、乾隆帝(本名は愛新覚羅弘暦《アイシンギョロフンリ》)は、祖父にあたる康熙帝の一代記『聖祖仁皇帝実録』を読んでいたとき、驚きの声を上げた。

「康熙四九年(一七一〇年)の人民の数が、二三三一万二二〇〇あまりとなっている。昨年(一七九二年)に各省からの報告を合計すると三億七〇四六万七二〇〇あまりとなっていた。康熙年間と比べると一五倍を超えるではないか。平和な時代が続き、人口が増え、かくも増えてしまったのか」。

前章でみてきたように、康熙年間には清朝は人口調査を行っておらず、『実録』の記録には二千数百万という数値は人民の数ではなく、「丁」数が記載されていた。「丁」は実際の人口数とは、まったく関連がない。

乾隆帝はまだ即位して間もないころ、実際の人口を正確に把握しなければ、的確な政治を行えないと考えた。一七四〇年に地方長官に、人口調査を行うように命じたのは、乾隆帝その人であった。遺漏は少なくなかったものの、実際に行われた人口調査の結果は、一七四一年には中央に寄せられた。なお、清朝の史料では、人口とは記さず、「民数」とある。本章でも歴史的用語として「民数」という言葉を使うことにしたい。

その時点で清朝の記録に残された民数は、一億四三〇〇万あまりであった。

民数調査がはじまった経緯は、次のようなものであった。

一七四〇年の陰暦一一月に、即位して六年目、三〇歳になり気力も充実していた乾隆帝は、毎年仲冬(陰暦一一月)に省レベルの地方長官に対して、管轄下の府と州県の戸数と人口の増減を、事細かに報告するように、と命じた。この上諭をうけた経済を担当する中央官庁の戸部は、これまで行われていた人丁の編審を終えたあと、戸ごとに人丁を実地に精査するとともに、戸内の女性を含む大人と子どもを調べ、その実数を毎年陰暦の一一月に黄冊に転写して中央に報告するようにと、指示を出した。

上諭が出された翌一二月、紫禁城の乾清門で行われた御前会議において、政務の監察を職務とする御史から、人口調査が難しいのではないか、という意見が出された。人民は分散しており、各地の住民に申告ステーションに出向いて登録させることとなると、住民の負担は耐えがたいものになる。かといって地方官が村々に赴いて訪問調査を行うことになると、役人の負担が加重になる。さらに、商いで旅をする人や、放浪者・臨時雇いなどは、来たり去ったりと一定していない。また辺境では、先住民の精査をすることが難しい。いずれの省でも戸数・人口はきわめて大きく、毎年調査することは現実的ではないというのである。

日本で五年ごとに行われている国勢調査でも、調査が困難に直面していることを考えると、戸別調査を毎年行えというのは無理だ、というこの御史の指摘は、的を射ていると言わざるを得まい。

彼は代案を提出する。一七四一年の人丁の査定が終わり、戸数と人口とがすでに分かったあと、省レベルの地方長官は毎年の仲冬に、新たに増えた戸数・人口だけを報告するにとどめて、寄留者・先住民の戸別の調査は実施しないということにすべきだとする。乾隆帝もその建議を受け入れ、戸部はあらためて保甲制度を活用する旨の通達を出した。

保甲制度による民数調査

戸部が出した通達は、次のようなものであった。

省レベルの長官は、保甲の登録制度に基づいて作成した在住者と寄留者の門牌（住民票）を整理して、寄留者を除き在住者の実数を確認する。この数を毎年一一月に報告する。ただし先住民区域はその対象としない。

保甲制度は、宋代の王安石が実施した治安維持のシステムに起源がある。住民を戸ごとに組織して自衛と相互監視を行わせる制度である。アジア太平洋戦争のときに日本で編成された隣組と、目的や方法は似ている。清代の保甲制度は一〇戸を一牌、一〇牌を一甲、一〇甲を一保として、それぞれに責任者を置いた。この制度に基づいて戸ごとに姓名や構成員の数を書き出させることで、人口調査の基盤としようとしたのである。

当初の皇帝の上諭と比べると、負担は軽減されたとはいえ、地方の役場はすぐに対応することは難しい。指示された一七四一年の陰暦一一月には、いくつかの地方長官から、期限の延長を求める要望が出された。統計数字が中央に報告されたのは、翌年の一一月であった。各省の報告に基づいて、戸部で人口を集計した黄冊が作成され、皇帝に提出された。

報告された一七四一年の民数は、一億四三〇〇万あまりとなった。ただし、寄留者や先住民は含まれていないことを、忘れてはならない。また、省によって精粗にばらつきがあった。人口統計としては欠点があるものの、一七三四年の丁数が二七〇〇万人であったことと比べると、実際の人口に近い数値だということができよう。

民数の報告を皇帝に上げるようにと命じた乾隆帝自身、人口統計を調査することがいかに難しいことであるか、理解していなかったようだ。一七四七年に山東省で災害が発生したとき、各州県で作成された保甲の登録簿が、主な男女数を記録するだけで、正確な人数を反映していないことが明らかとなった。この報告が皇帝に届いたときに、民数を報告させたのは、国家の政務を遂行するためで、戸別の調査によって人民に累を及ぼすことは避ける必要がある、と乾隆帝は述べている。

清代初期から五年に一度の間隔で行っていた編審は、すでに地丁銀制が全国で実施されてから八〇年あまりの年月を重ね、人丁を調査する必要はなくなっていたにもかかわらず、一七七二年に中止となるまで続けられていた。税は土地に課すことになっていて、人丁の数とは切り離されていたのだが、地方長官からすれば、民数を多く報告すると、丁数も多いだろうと勘ぐられ、地方から中央に吸い上げられる税額が増やされるのではないか、と疑心暗鬼となる。そのために、民数をなるべく少なめに報告するという圧力が掛かっていたと考えられる。

乾隆帝自身が正確な人口を把握することに熱心でなければ、地方の役人たちもそれに甘えて、人口調査に励もうとはしない。一七四一年の第一回目の民数を別として、それ以降は民数には遺漏が多かったと考えられる。

保甲登録の厳密化

一七五七年には、保甲への登録を厳密に行うために、一五条の指示が出される。登録の手順は、対象となる住民の身分ごとに示す。省に属する一般の各戸については、門牌を発給し、牌長と甲長は三年で交代、保長は一年ごとに交代とした。官僚経験者などの有力者についても、特別扱いはせず、一般人と同じように編成する。グサに属する旗民が村に住んでいる場合にも、同様。ただし、駐屯地に居住していたり、官兵の任に付いている場合には、別に登録する。モンゴルに住んでいる民間人は、牌頭・総甲・十家長などの変則的な編成のもとで登録。

保甲で登録されたのは、住民だけではない。本籍地を離れて内地で貿易に従事していたり、産業を経営していたりするものは、現地の住民と一律で編成。専売制のもとにある製塩に従事するものは、一般人とは区別して保甲に編成し、雇われている職人は、製塩業者の登録簿に付記する。「鉱廠」（鉱山・精錬の作業場）に属する人戸は、廠商（経営者）、課長（事務長）および峒《とう》長（採掘現場長）や炉頭（精錬現場長）などが登録する責任を持つ。各地で精錬用の木炭を生産しているところでは、雇主が労働者などの登録簿を作成し、地方の役場のチェックを受ける。

沿海を航行する商船や漁船については、「澳甲」（入り江ごとに編成された保甲）が、血縁・地縁で保証人となり、役所に届け出て証明書の発給を受ける。さらに商船については、船主・舵工

(舵取り)・水手の年齢や人相、本籍地を証明書に記載し、外洋に出るときには、港の出入り口で証明書と照らし合わせなければならない。漁船の場合は、船主の年齢と人相、本籍地のみを記載すればよい。

西南地方に多く暮らすミャオ族などの先住民についても、保甲への編成が行われた。「苗人で内地に戸籍を寄せているもの」とあるのは、漢族の文化を受け入れた先住民のことだろう。こうした人々は、一般人と同じように保甲に加える。それぞれの文化を維持しているミャオ族やヤオ族については、もともとあった共同体の長が、調べて把握しておく。雲南の先住民で、漢族と雑居しているものは、いっしょに保甲に編入する。奥地に住んでいて伝統に従って村を構成している人々は、その頭目が登録簿を作成する。

移住者などについても、言及されている。四川省に移住した人々は、現地住民と同じように保甲に編成。甘粛省で暮らす漢族以外の人々は、土司(先住民の首長)が責任をもって監督し、地方の役場がその頭目を通じて門牌を発給して、登録簿を作成する。寺院や道観については、「僧綱《そうごう》」(寺院の専任者)、「道紀」(道観の責任者)が、季報を作成する。各省のムスリムについては、モスクの「掌教」(宗教事務・宗教儀式の主宰者)が監査を行う。外来の乞食については、地元の保甲が「丐頭《かいとう》」(乞食頭)を通して調査し、若い者は本籍地に送り返すが、それ以外で住み着いてしまうものを取り締まる(『清史稿』食貨志、戸口)。

このような規定の通りに保甲制度が機能していれば、一八世紀後半の民数はきわめて精度が高いということになろう。

ところが、そのような甘い認識が一変する事態が起きる。

民数調査の改革

一七七五年に湖北省の東部を、飢饉が襲い、住民の六割から八割が影響を受けた。各県の人口に応じて清朝政府が救援しようとしたところ、実際の人口と登録されている民数とのあいだに、大きな差があることが判明したのである。

保甲制度を用いて人口を調査したのであるが、その役割を担った牌長・甲長・保長という責任者は、無報酬で地方の治安維持の責務を背負わされていた。住民の登録業務に励めと命じられても、やる気は起こらず手抜きが生じる。

県の役人も民数を報告する際に、調査することを怠り、以前のデータに恣意的な人数を加えて報告することが横行した。省レベルの長官も、そのことに気づいていたとしても、改善しようとはしなかった。そのために実際の人口増加を、正しく反映せず、意味のない民数が報告され続けていたことが明らかになったのである。

人口を正確に把握しなければ、実情にあった政策を採ることができない。危機感を覚えた乾隆帝は、すぐさま一連の上諭を出し、省レベルの地方長官に対して、保甲の組織を動員して、全国的に実際の人口を調査するように、もしまじめに取り組まなければ厳罰を与えるとしたのである。

皇帝の厳命を受けて、一七九六年に各省から民数の報告が中央に届く。厳命が出される前の民数と、厳密な調査による民数とを比較してみると、大きな差が見られた。山東省の場合は、一七七六年の民数は前年と比べて四八〇万人ほど少なかったばかりか、三〇年以上も前の一七四二年よりも少ないという結果が出た。奉天もわずかながら少なくなっていた。それ以外の各省では、登録人口の漏れがみられた。二五％以上の増加が見られたのは、雲南・貴州・湖南であり、湖北・広東省の場合は、四〇％を超える。驚くべき数字は四川省で、一七七五年に比べ翌年は六〇％も増えている。全体では一六％、約四三〇〇万人が登録漏れだったことになる。

全体的に見て遺漏率が高い省は、後述する一八世紀なかばに人口流入が激しかったところになる。要するに、一七四一年の民数を起点にして、わずかな数字を上乗せしながら毎年の民数として報告していたために、予測を超える人口の変化を反映できていなかった、ということだ。

一七七六年以降に中央のもとに集まった民数は、はたして信頼に足るのだろうか。

民数調査の改革を評価する要点の一つは、保甲が行う登録の手続きがシステム化されたことがある。これは一七八一年にまず湖南省に導入された、登録簿の循環チェック方式である。その方法は、次のようなものであった。

保甲が住民の世帯調査を行い、登録簿を二冊作成する。一冊は保長の手元に置き、他の一冊は地方役場で保管する。一定期間(多くは三か月)のあと、各保甲はそれぞれの住民の変化に基づいて登録簿を改訂して役場に届け、それと引き替えに先に提出していた修正前の登録簿を回収する。また定められた期間のあと、保長は役場から回収した登録簿を改訂して、役場に届ける。役場では保管されている第一次改訂版と、あらたに提出された第二次改訂版とを比較して、変化をチェックするのである。このチェック方式によって、データの正確性が保たれるとともに、役場では登録簿をいつでもチェックできる。

この循環チェック方式は、乾隆帝の次の皇帝・嘉慶帝(本名は愛新覚羅《アイシンギョロ》顒琰《ヨンヤン》)が、一八一六年に全国で実施することを命じた。以前よりも厳密に正確さを期して作成された民数統計は、『嘉慶重修一統志』に記載されている。

ちなみに、清代にはその版図の地誌『大清一統志』を、康熙・乾隆年間にそれぞれ出版したあと、嘉慶年間に編集を始めた第三次版は一八四二年に完成した。この第三次版が『嘉慶重修一統志』なのだが、完成時がアヘン戦争直後ということもあってか、刊行されなかった。のちに『四部叢刊』に収められ、人口史研究の基礎資料として利用されている。

第四章　人口急増の始まり——一八世紀

清代人口史の検討

前章を要約しておこう。

周朝が成立してから南宋が滅ぼされるまでの約二三〇〇年間を、東アジア・ステージと名づけるならば、元朝以降の中国文明史は、東ユーラシア・ステージだということになる。

東ユーラシア・ステージにおける文明史も、合散離集で捉えることができる。大元の支配が安定していた期間を「合」だとすると、元末明初の群雄割拠の時期が「散」、遊牧を軸とする北元と、農業を主とする明朝とが、東ユーラシアの南北に分かれていた状況を「離」とすれば、版図を内陸アジアから東アジアまで拡げた清朝は「集」だということになる。

一八世紀に清朝は、冷温帯落葉広葉樹林に覆われていたマンチュリア、モンゴル高原とチベット高原、さらに沙漠にオアシス都市が連なる東トルキスタンの全域を版図に収めたとき、東ユーラシア・ステージは「合」のステップに移行する。

明朝は元末に銀遣いの経済が崩壊したあと、銀に依らない現物と徴用に基づいて財政を運営しようとした。その基礎として、明初には戸口を厳密に調査している。しかし、しだいに銀を用いた遠隔地交易が復活し、帝国内での物流が活発になってくると、銀建ての財政運営へと傾斜していく。労働者を直接に徴用していた体制から、銀での代納が一般的となり、一六世紀後半には、人頭税と土地税とを、銀で一括徴収する制度が普及する。

少数の満洲族が大多数の漢族を支配する清朝は、人民を飢えさせないことを至上課題としていた。適切な政策を実施するには、正確な人口統計を必要とする。人頭税を人民に課していると、税負担を逃れるために戸籍に登録されない人口が多くなる。一八世紀には、明代に進んだ人頭税と土地税の銀納化を前提として、人頭税を廃止して土地税のなかに繰り入れた。この税制の一大改革を契機に、人口統計の基礎資料が戸口から、保甲制に基づく民数へと替わる。

本章では、一八世紀なかばに行われた民数統計を批判的に検証しつつ、一八世紀の人口爆発の背景を探っていく。

一八世紀の人口急増

中国人口史について先駆的な研究をまとめた何炳棣は、清朝の民数統計の信頼度が高いと評価される一七七九年の人口を二億七五〇〇万として、この数値を起点に過去にさかのぼる方法で、一七〇〇年の数値を推定した。一七七九年から一七九四年の一五年間の民数の年間の増加率は、八・七‰《パーミル》となる(1‰=1/1,000)。これは少し高すぎると、何は考えて修正を加えた。一七七九年から一八五〇年までは六・三‰、一八二二年から一八五〇年までは五・一‰となる。

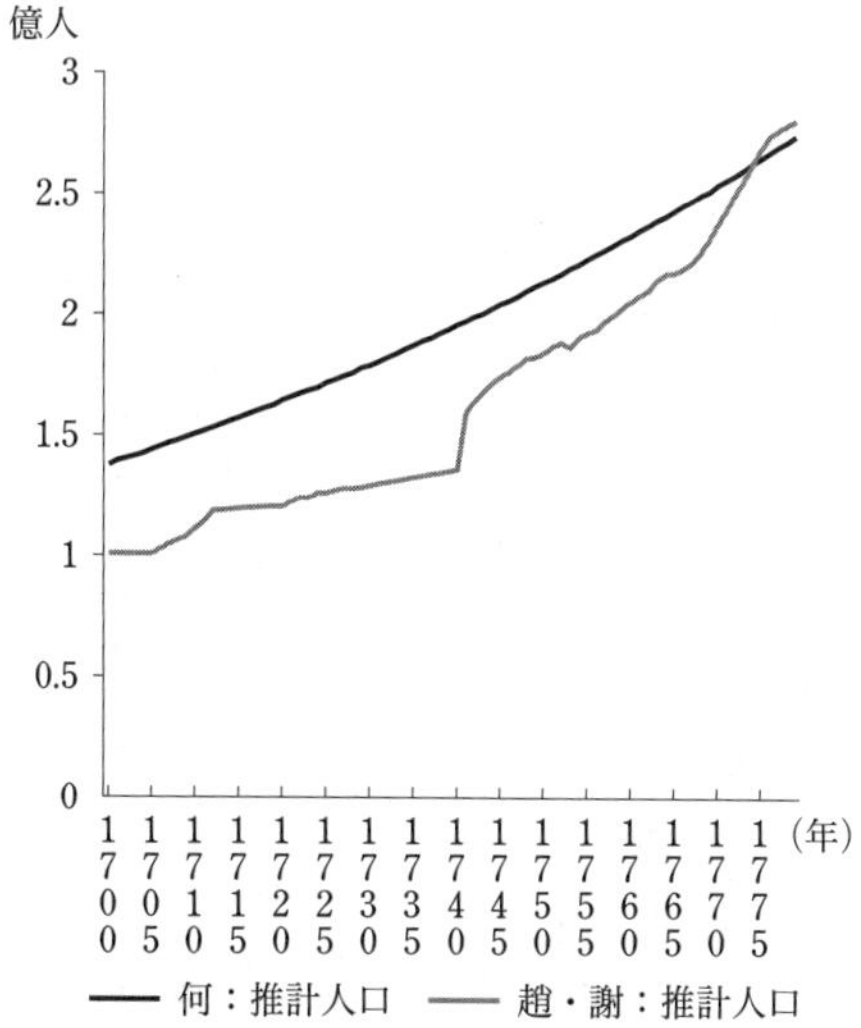

図 4-1　18 世紀人口急増推計

これらの年間増加率を俯瞰したうえで、東ヨーロッパで工業化以前の一八〇〇年から一八五〇年までの人口増加率七・七‰を参照し、一七七九年から過去にさかのぼる一七〇〇年までの八〇年間、仮に毎年七・七‰増加したと仮定すると、一七〇〇年の人口は一億五〇〇〇万、一七四九年の人口は二億一八〇〇万となる。

何の推計を、清朝の記録に基づいている趙・謝の推計と対比させてみよう(図4-1)。いずれのグラフでも人口は急増しているが、何の推計グラフはなだらかな曲線を描いている。

何の推定の手順は、問題がないわけではない。一つには、年平均増加率を七・七‰に決めた根拠が、恣意的としか思えない。仮にその仮定を認めたとしても、一七〇〇年から八〇年もの長期にわたって、同じ増加率で人口が変遷してきたという確証は、まったくない。今日の国勢調査に匹敵する正確さは求められないとしても、他の統計的な数値から人口動向を検討する必要があるだろう。

曹樹基が著した『中国人口史――清時期』は、清初から一七四〇年までは、人口とまったく関係のない人丁のデータしかないので、人口統計の空白期間と位置づけている。一七四一年から一七七五年までの民数については、重大な欠陥はあるものの人口動向を推定する手がかりは与えてくれる。一七七六年および『嘉慶重修一統志』に見られる一八二〇年の民数は、人口史研究の基礎とはなるが、欠点も少なくないとしている。曹は多くの大学院生などを動員して、中国全土の地方志約三〇〇〇種から清代の人口データを集め、府レベルの人口統計を作成している。

本書の序章に掲げたグラフ(図P-1)を見ていただきたい。明末清初の時期(一六〇〇～一七〇〇年)に折れ線グラフと棒グラフのあいだで、大きな差違が見られる。前者が戸口統計と民数統計とを連続させて描いているのに対し、後者は地方志にまでさかのぼって補正を加えて得られた数値を示している。

清代の民数は近代的な国勢調査とは異なり、人口統計として大きな欠点を持っていることは明らかである。しかし、乾隆期の改革を経て、すくなくとも一七四〇年以前の人丁数から割り出した数値よりも、実際の人口に近いと考えられる。本書では乾隆帝の一七四一年の勅令を受けて実際との乖離がそれほど大きくなかったと推定される一七四九年、民数調査の改革が行われた直後の一七七六年、『嘉慶重修一統志』に基づく民数、さらに参考までに中国ではじめて行われた一九五三年の国勢調査の数値、以上四つのデータを一枚の表にまとめてみた（表4-1）。

なお、中国東北部の黒竜江省・吉林省・遼寧省については、満洲族の揺籃の地として清代には特別な扱いをうけていたので、一部の漢族の移民を除いて民数の調査が行われていない。また、新疆については、ジュンガルと清朝との戦争の結果、一七五九年にその全域が清朝の版図に組み込まれたため、通時的な比較が難しい。

一七四九年の数値は、趙・謝の『中国人口史』、それ以外一七七六年、一八二〇〜二一年および一九五三年の数値は曹『中国人口史――清時期』から取っている。これら二つの『中国人口史』のデータ整理の方針が異なるため、同列に扱うことには大きな問題があり、グラフを描く際に、数値のあいだを直線で結ぶことに躊躇はある。あくまでも傾向を見るためだ、と考えていただきたい。

表 4-1　清代人口推移(趙・謝(1988)．曹(2001))

区域	省	1749 年(万人)	1776 年(万人)	1820-21 年(万人)	1953 年(万人)	年平均増加率 1749-1776(‰)	年平均増加率 1776-1820(‰)	年平均増加率 1820-1953(‰)
華北	河北(直隷)	1,311.1	1,720.9	2,198.5	4,191.5	10.1	5.6	19.7
	河南	1,334.1	2,315.0	2,749.7	4,324.4	20.6	3.9	13.8
	山東	2,409.6	2,790.2	3,232.6	4,926.6	5.4	3.4	12.9
	山西	950.9	1,226.2	1,433.9	1,621.4	9.5	3.6	3.7
	陝西	673.4	796.5	1,213.4	1,583.4	6.2	9.6	8.1
	甘粛	468.1	1,591.8	1,781.6	1,464.2	46.4	2.6	−5.9
華中	江蘇	2,097.2	3,243.6	3,943.5	4,129.3	16.3	4.5	1.4
	安徽	2,156.8	2,585.7	3,206.8	3,058.8	6.7	4.9	−1.4
	浙江	1,187.7	2,236.5	2,733.5	2,282.5	23.7	4.6	−5.4
	江西	842.8	1,878.3	2,234.6	1,661.4	30.1	4.0	−8.9
	湖北	777.2	1,617.3	1,948.2	2,745.3	27.5	4.2	10.4
	湖南	867.2	1,525.2	1,898.1	3,322.6	21.1	5.0	17.1
	四川	250.7	1,681.1	2,356.5	6,510.8	73.0	7.7	31.3
華南	福建	762.0	1,287.9	1,475.8	1,314.4	19.6	3.1	−3.5
	広東	636.9	1,844.5	2,140.5	3,447.0	40.2	3.4	14.5
	広西	384.0	766.2	946.1	1,788.4	25.9	4.8	19.5
	貴州	307.5	567.2	747.8	1,523.7	22.9	6.3	21.8
	雲南	194.6	788.4	1,029.9	1,762.8	53.2	6.1	16.4
	合計	17,611.8	30,462.5	37,271.0	51,658.5	20.5	4.6	9.9

表を全体的に俯瞰すると、全体として清代中期に相当する一七四九年から一七七六年のあいだに、一億七六〇〇万程度の民数が三億数百万へと約二倍に急増している。一七四九年から一八二〇年までの七〇年ほどのあいだで、二倍強に近い増加率となる。

地域別に細かくみると、清代中期(一七四九年から一七七六年まで)の年平均増加率では、華北区域に属する河北・陝西・山東・山西、華中区域の安徽は一〇‰以下と、自然増で説明がつく値を示している。その一方で、華中の湖北・湖南・浙江・江西、華南の広西・貴州は二〇‰を超え、さらに甘粛・四川・広東・雲南は四〇‰を超える異常な値となっている。一〇‰を超える増加は、自然増では説明が付かず、大量の移入、または、未登録人口の追加などを想定しなければならない。

一八世紀の人口増加は、どのように進んだのだろうか。

まず激烈に人口が増加した四川から見ていこう。次に、人口増加の要因が特殊であったと見なされる雲南と広東を取り上げる。本章の最後に、満洲族の故地だという特殊な事情のある東北三省(黒竜江・吉林・遼寧)の概略を紹介する。

四川への移民

一七世紀なかば、四川の人口は激減していた。ペストなどの疫病の蔓延、飢饉、叛乱軍と明朝の軍隊との戦闘、さらに清朝の軍勢と反清勢力との激闘が一六六四年まで続いた。戦争の大義のいかんにかかわらず、被害を受けるのは地域の住民である。戦闘に巻き込まれて死ぬもの、略奪にあって命を落とすものが、莫大な数にのぼった。耕作者がいなくなり、農地は荒れ、飢饉が襲う。人が人を食すという凄惨な光景が、いたるところで見られたという。

こうした状況が人口に与えた影響がどれほどのものであったのか、正確に計ることはできない。混乱のなかで命を落とすものは数知れず、戦乱を逃れ、郷里をあとにせざるを得なかったものも、少なくなかっただろう。断片的な記録に基づく推測では、一七世紀はじめ明代末期に六〇〇〇万と推定される人口が、一六八〇年代には五〇〇万人にまで減少したという。生き延びたのは、一割を切っていたとされる。

清朝は四川をほぼ平定した直後の一六六四年には、混乱期に四川から他省に流出した人口を、呼び戻す政策に着手する。四川省にいたるには長江をさかのぼったり、山を越え、峠を過ぎたりしなければならない。その苦労を軽減するようにという指示もだされている。

一六六八年には、四川に戻る難民を支援した役人には、功績として認め、給与水準を引き上げるようにした。

清代の役人の奨励制度は、「紀録」「加級」で示される。功績を認められるとその程度に応じて紀録一次、二次と引き上げられ、紀録三次までいくと、桁が一つ上がって級を一つ加える、その上は加一級紀録一次、となる。四川からの難民帰還対策では、難民一〇〇家以上を支援すれば紀録一次、四〇〇家以上で加一級、六〇〇家以上は加三級と加増した。

清朝は積極的に帰還政策を実施したものの、放置耕作地を復元するには不十分だったようだ。そこで四川に赴任した地方長官が一六六八年に、湖北・湖南から農民を招こうと移民推進政策を提案する。この政策は三藩の乱のためにいったん中断したのち、一六八一年に展開される。四川に移住して放棄耕作地を開墾したものは、その土地を永久に与える、移民の子弟には科挙の受験資格を認めるとしたのである。

一七二八年には、「一組の夫婦を一戸として、水田三〇畝(清代の一畝は約六・一アール)、畑五〇畝を与える、家族に子弟や甥で丁(一六歳以上)になったものがいた場合には、各人に水田一五畝・畑二五畝を追加で認める」(『清世宗実録』巻六七、雍正六年五月丁丑)、さらに奨励金として移民一戸に銀一二両を与えるという政策が、戸部から提案された。移民受け入れに際しては、受け入れ側の州県で姓名や本貫(原籍)を調べ、無頼の徒でないことを確認するとともに、本籍地の州県に問い合わせて照合するという手続きを取った。

多くの場合、移民はまず壮年男子が単身で四川省に来る。数年間、放棄耕作地や未開拓地を開墾し、農地として生産ができるようになり、住まう家屋を整え、さらに路銀もできると、出身地に戻り、残してきた妻子、兄弟を引き連れて、四川に戻り定住するというステップを踏んだ。

このあたりの実情を記す史料として、一七三三年に広東の地方長官が皇帝に直送した報告で引用した「往川人民告帖（四川に赴く人民が告発する貼り紙）」がある。広東の竜川から四川への移民が貼り紙を出して、次のように訴える。

私たちは前に四川に赴いて耕作し税金も支払っていました。この地で家をなし生計を立て、豊かになろうと思い、資金を携えて、妻子・兄弟を引き連れて移住しようとしているので、けっして匪類ではなく、もめごとを起こすことはありません。……ところが近年、なぜか理由が分からないのですが、役場は私たちの活きる路を絶とうというのでしょうか、移住をみとめてくれないのです。目下、竜川県の地方のいたるところで、押しとどめられ、行かせてもらえません。……私たちが移住しようとしている四川では、すでに数年前から経営を行い、田土や家屋もすべて整っていて、あとは行って落ち着くだけなのです。ここでもし移住が差し止められると、私たちは生きる術を失ってしまいます。（『宮中檔雍正朝奏摺』第二二輯、雍正一一年九月初九日「広東巡撫楊永斌奏摺」）

おそらくこの訴えを貼りだした移住希望者は、数家族にとどまらず、かなりの集団だったと考えられる。竜川県の役人は、大人数の移住希望者のなかに、無頼が混じっている可能性があるとして、出立を認めなかったと考えられる。

四川移民の実態

四川は一七世紀前半に人口が激減したために、一八世紀前半ごろまでは、一人当たりの耕地面積は他の省とくらべ、かなり広かった。かつて明代には大規模な地主もいて、田地を占有し多くの農民は土地を借りて暮らさざるを得なかった。ところが叛乱軍は、その地主層を徹底的に排除した。難民帰還政策のもとで郷里に戻った地主もいたが、その勢力はもはや見る影もない。

移民たちは自作農民として、農地を耕すことができた。広東の人口稠密な地域に住む人々にとって、一足先に四川に赴き、生活の基盤を作ってから郷里に帰ってきた先遣隊がもたらした情報は、とても魅力的に受け止められたに違いない。

四川の地方官は一七四〇年には、移民も地元住民と区別せずに、保甲に編入するとともに、一時的に四川に寄留している人は、本籍のある役場に登録させることとなった。一七四一年の四川省の民数は、この保甲制度に基づいて調査された。

保甲制度を整備し、移民の身元確認を厳密にすることで、無頼の徒が紛れ込んで四川に入ることを阻止しようとしたのである。しかし、この政策は有効だったわけではない。役場が把握できない移住者が多くいた。こうした非正規の移民は、すくなくとも移住して間もないころは、保甲に登録させなかっただろう。表の四川省の民数は、割り増す必要があるだろう。

一八世紀なかばに編纂された『蜀故』には、一七五三年から一七五五年のあいだに四川に移入した戸数は六三七四戸、そのうち湖南から二八五一戸、湖北から一六一二戸とあり、四川と隣接する湖南または湖北からの移住が半ばを占めている。広東からは二割となる一二七九戸、つづいて江西が五三四戸、広西八一戸、福建一七戸となっている。この比率は、一八世紀全体を通じて大きな変化はなかったと思われる。広く膾炙された言い回しとして、「湖広塡四川(湖広人が四川を埋め尽くす)」という言葉があるが、それは実態を反映している。

地方長官たちの関心は一七六〇年代になると、四川盆地の開拓から、治安の維持へと移ってくる。貴州の地方長官が、そろそろ四川への移住を制限すべきだ、と上奏した。また、一七六七年には四川の地方長官などが、他省からの移民を停止すべきだ、と意見を次のように具申した。

四川の荒れ地はほぼ開拓し尽くされ、これ以上もう移民を受け入れる余地はない。今後は他省の人民が四川に赴いて開墾したいと申し出たら、移住許可書を発給せず、四川にいたる途中の関所や船着き場で取り締まり、許可書を持参していない移民の通過を認めるべきではない。

これまでの方針を転換すべきだ。

四川への移民政策を停止すべきだ、という地方長官たちの上奏を、乾隆帝は次のように反駁して、認めなかった。

職を持たない貧民が四川に赴く理由が、他省に比べて四川省の土地が広く生産量が高いところにあるのなら、禁止しても移住の流れを押しとどめることはできない。広く清朝の版図を見てみろ。華北から長城を越えてモンゴル高原に移住する貧しい移民の流れを、食い止められないでいる。四川が内地だと論ずることはできない。隣接する湖広や江西などの住民もまた、朝廷の子どもであり、一視同仁で応じなければならない。

このような皇帝の意向もあり、移民の流れは続いた。しかし、盆地の底部では一七世紀前半までに移住した人々の子孫も増え、あらたに移民を受け入れる余地はなく、彼らが向かう先は、盆地を取り囲む山地へと向かったのである。第六章では、山地に向かった移民の流れを追うことになる。

雲南における「改土帰流」

雲南もまた、四川省と同様に一八世紀に人口が急増した。一七七六年の人口は八〇〇万人弱だが、それは一七四九年の約四倍である。こうした人口増加は、自然増だけでは説明がつかない。人口急増の要因の一つは、移民が雲南に数多く流入したこと。また明代までの戸口統計の対象となっていなかった先住民族が、清朝によって把握され、民数にカウントされたことが、もう一つの要因である。

これら二つの要因と深く関わる清朝の政策が、「改土帰流」である。この四字熟語は、「土司を改めて、流官に帰す」の略。土司の歴史は古く、元代にさかのぼり、明代に継承された。先住民が多く暮らす地域で、各民族の首長に官位を与えて、それぞれの民族の伝統と慣習に基づいて支配を行わせるというもので、大きく二つ武官・文官に区分され、それぞれ官職が設置されていた。特に重要な官位は、行政区の民生を司る土知府・土知州・土知県である。

清朝が強行した「改土帰流」政策とは、支配を行っていた土司を廃止して、王朝に任命されておよそ三年程度ほどで任地を替える地方官に統治させるということ。地方の側から見ると、流れるように他所から転任してきて、流れるように他所に転出する官僚が、土司に代わって治めることになった。辺境地域の内地化が、その目的となる。

土司は雲南だけではなく、四川・貴州・湖南など西南の各省に見られたが、民政を管轄する土知府・土知州・土知県は、雲南と広西とに集中している。中央から派遣された地方官が土司に取って代わったのも、これらのポストである。広西については、第六章であらためて論じることにしたい。まず、ここでは雲南の状況を見ることにしよう。

漢族からすると、文化が異なり、勝手が分からない土司の支配地で暮らすのは、不安でたまらないだろう。中央から派遣された官僚が王朝の統一ルールで治める土地ならば、安心だ。ならば、まだ開発もあまり進んでいない先住民の土地に移り住んでみよう、こう考えて移住する漢族が、雲南の人口を押し上げた。

王朝は土司に対して、その土地の物産などを貢納させ、兵役に人員を派遣するように求めるだけで、支配下の先住民の人口を報告させるようなことはしない。ところが土司から代わった地方官は、治安維持のために保甲を編成するなどの責任を、王朝に対して負うことになる。そうして、先住民族の民数も、王朝の知るところとなったのである。

一八世紀以前でも、叛乱や悪政を理由に、いくつかの土司が廃絶され、地方官が治めるようになっている。たとえば雲南の元江の土知府は、一六五九年に清軍に抵抗したため、呉三桂によって鎮圧され、流官の統治に取って代わられた。峨山の土知県であったイ族の禄一族は、一三八四年から一二代・二八一年のあいだ土司として君臨したが、一六六五年に叛乱を起こし、誅殺された。

散発的な土司廃絶とは異なり、徹底的な改土帰流が、一七二六年から一七三一年までのあいだ、清代の年号では雍正四年から九年のあいだに、実施される。この政策を断行した人物は、雲南・貴州・広西の三省の長官を務めたオルタイである。

オルタイは満洲八旗に属する満洲族で、雍正帝の手足として辣腕を振るった。一七二六年には、「雲南と貴州の大きな災いとして、〈苗蛮〉(ミャオ族など)より大きなものはない。民を安んじようとするなら、必ず〈夷〉を統制しなければならず、〈夷〉を統制しようとするならば、必ず改土帰流を行わなければならない」と上奏し、その言葉を実行に移した。

支配していた領域が広い土司については、再起を図らないように内地に強制移住させている。たとえば臨安府の阿迷州の土知州を一七二六年に廃絶したときには、雲南から遠く離れた江西に移住させている。規模の大きな土司に対する強圧的な施策を行ったことで、規模の小さな土司は恭順の姿勢を取らざるを得ず、多くの土司が改土帰流を受け入れた。

オルタイの進めた改土帰流は、かなり手荒いものだった。瀾滄江を境界として、「江よりも外側では土司を維持し、江より内側は流官に替える」という方針を決めて、政策を進めた。一七二七年には烏蒙土知府に対して、再三にわたって土司の公印を差し出すように命じたが、いうことを聞かなかったために、兵を派遣して制圧したうえに、いくつもの罪状を並べて、土知府を廃絶して地方官が治める威寧州に改めている。改土帰流ののちに設けられた名称が、武威によって安寧を守るという名称になっていることからも、オルタイの改土帰流がどういうものであったのか、うかがい知ることができよう。

烏蒙土知府が支配していた時期には、漢族の流入は限られていた。改土帰流で地方官が治めるようになると、雲南総督は漢族の流入を促進し、一七三二年には移民を募集して未耕作地を開墾させる政策を展開した。役所からは路銀を貸与し、さらに農耕用の牛、種子を支給し、各戸に二〇畝の土地が分与された。最初に応募した移民には、耕地としてすでに整えられた水田が、遅れて来た移民には水田として開墾可能な土地が、さらに遅れて到着した移民には、畑作地がそれぞれ分与された。

清朝が改土帰流を断行した究極の目的は、先住民が独自の文化圏を形づくっていた地域を、直接に中央政府が統治する仕組みを作るところにあった。言葉を換えて言えば、内地化ということになろう。

赴任した地方官が取り組んだことは、土司の配下にあって隷属していた先住民を調査して、保甲に編入することであった。保甲は一〇戸を単位として編成する制度なのだが、先住民は起伏の多い山間などに分散して住んでいるために、保甲への編入作業は、順調には進まなかったようだ。一七五八年でも、保甲に編纂できたのは、流入した漢族と雑居して、中国文明の影響を強く受けた先住民に限られていた。

一八世紀に雲南の民数が急増した背景の一つに、それまでは王朝が把握できなかった先住民の一部が、保甲に編入されたことがある。しかし、そのほかに登録もされていない先住民の人口は、かなりあったと推定される。

銅鉱開発の背景

改土帰流とならんで、雲南への人口流入を招いた大きな要因がある。それは、銅などの鉱業の興隆である。雲南の起伏に富んだ立体的な地勢は、ヒマラヤ造山運動の時期にユーラシアプレートとインドプレートが衝突したことで形成された。この巨大な地殻変動の過程で、雲南は豊富な鉱物資源に恵まれている。

一八世紀になると、清朝はその基盤を安定させるために、銅銭を大量に鋳造し始めた。その需要を満たすために、雲南の銅鉱に対する政策を転換したのである。その背景には、次のような事情があった。

一七世紀末ごろから、銅銭の銀錠(インゴット)に対する相対的な価値が高騰し始めた。制度のうえでは銀一両あたり銅銭一〇〇〇文と定められていたのに、実勢価格は七八〇文から八〇〇文となったのである。

経済統計がないので、銅銭高騰の原因を特定することは難しい。一つの説明として、「遷界令」と呼ばれる海上封鎖を、一六八四年に解除したことが挙げられる。遷界令とは、台湾の反清政権・鄭氏を封じ込めるために、清朝が一六六一年に始めた海禁政策である。鄭氏政権が一六八三年に清朝に降伏したので、その翌年に解除された。抑圧されていた交易が解き放たれて、絹織物や陶磁器などの輸出が増大し、その代金として大量の銀が中国に流れ込んだ。このために銀の価格が下落し、相対的に銅銭の価値が上昇したと推定されている。

第二の理由として挙げられていることは、清朝が漢族に対して支配の正統性を印象づけるために、民間で不法に鋳造された「私鋳銭」を没収し、一面で漢字で清朝の年号、もう一面で満洲文字で鋳造所名などを、それぞれ鋳込んだ良質の銅銭を発行し始めたことである。重量が規定通りの銅銭は、必然的に価値があがる。

銅銭の対銀錠価格の上昇で打撃を受けたのは、清朝が政権の基盤としていた八旗であった。清軍が中国を制圧すると、八旗はマンチュリアから大挙して北京に移動した。さらに軍事的な要衝にも、駐屯することになる。これを「駐防八旗」という。八旗に所属する旗人は、故地を離れて生活することになった。

旗人には「旗地」と呼ばれる耕地が配分されてはいたが、増え始めた旗人の人口に比して、旗地の面積は少ない。旗人の生活は基本的に、政府から支給される給与によってまかなわれ、役職に就けない旗人は、年金生活者といった状況に置かれていた。

清朝の財政収入は銀錠であり、国家の運営も基本的に銀錠で行われる。旗人に対する国家の支払いも、銀錠で行われた。しかし、銀錠で日々暮らしていくのは、難しい。一万円札を手にして八百屋で野菜を買うことを想像してもらいたい。旗人は銀錠を、細かい支払いにも使える銅銭に両替する。銅銭の対銀錠価値が高騰すると、手元に入る銅銭の数が少なくなり、生活を直撃することになる。

旗人たちは自分たちの窮状を、各旗の首長を通して清朝政府に訴えた。八旗は政権の基盤であるが故に、この状況を放置しておくことができない。そこで、一八世紀になると清朝は鋳造量を増やして、銅銭価格を抑制しようとした。

清朝が持続的に質が一定した銅銭を供給するようになると、中国全土で銅銭を少額の取引に使うようになる。ある物が貨幣となる条件は、希少性・均一性と持続性の三つである。清代に均一性と持続性を満たし、しかも清朝が帝国の威信をかけて鋳造した希少価値の高い銅銭が出回ることで、地域社会において銅銭が、広く貨幣として流通するようになったのである。

雲南では一七世紀なかばまで、タカラガイが少額取引で用いられていたが、清代に銅銭に切り替わっている。布や穀物が通貨として使われていた地域でも、銅銭での取引が一般的となった。

銅銭は日常の取引に使われ、遠隔地との取引では用いられない。清朝が供給した銅銭は、地域のなかに滞留して外には出て行かない。広い乾いた砂地に撒いた水が吸い込まれるように、清朝はいくら銅銭を供給しても、その価値を抑制することはできないのである。

雲南の銅鉱開発

一七世紀に中国に銅を供給していたのは、主に日本であった。海洋を渡ってくる銅なので、「洋銅」と呼ばれる。一八世紀になると、日本の江戸幕府は銀や銅といった鉱山資源の輸出を制限するようになる。別子などの主要な銅山において、産出量が頭打ちになったこと、また日本国内の経済を維持するために、国内での銅銭の鋳造が必要となり、輸出に回すことができなくなったことなどが、日本からの輸入量減少の背景に挙げられる。清朝は洋銅に替わる銅の供給源を、雲南に求めざるを得なくなったのである。

中国では鉱山労働者として、現地の先住民を用いることはしなかった。鉱山で働き、精錬された銅のインゴットなどを運搬した労働者は、ほとんどが漢族だったのである。清朝政府は瀾滄江より東側で改土帰流政策を推進し、先住民居住地域を内地化させたことで、漢族労働者と先住民とが衝突するのではないか、という恐れを配慮せずに、鉱山開発を手放しで進めた。

銅鉱の採掘、精錬には多くの労働力を必要とした。雲南の東部に位置する東川という地域に、中国最大の銅の鉱山があった。一七六四年に地方長官は、東川の湯丹と大碌という二つの規模の大きな作業所について、「この数年来、銅の産出は日ごとに旺盛で、廠(作業所)に関わる人は増えており、二つの作業所をあわせて二、三万人を下らない」(『清高宗実録』乾隆二九年一二月戊寅朔・戊戌)と報告している。

労働者ばかりではない。鉱業の繁栄に引き寄せられるように、各地から多くの商人が東川に移住してきた。その繁栄の残影は、清代に建てられ、今も残る各地の商人グループの会館に見ることができる。

陝西省の出身者が建てた関西会館について、「乾隆辛丑年閏五月」(一七八一年)の日付が刻まれている碑が、いまも町の一角に残っている。会館設立の由来を記す碑文の前半を訳すと、次のようになる。

関西会館碑記

我が国家の平和であること一〇〇年あまり、南北・東西の人は互いに往来し、あの領域、この境界となどと分け隔てることもなく、そのために四方へと赴き集まるところには、おおむね会館を建て、同郷の人が集まり、もって親睦の意を述べ、丈夫の志を強くしている。四方にあって名誉と利益とを求めようとすると、どうして郷里で生涯を終えることができようか。すなわち、他郷に客寓することと故郷で年老いることとは、なんら異なることはない。ただ、秦(陝西)から滇《てん》(雲南)の東川に至るまでは、楚(湖北)・黔《けん》(貴州)を通過し、隴《ろう》(甘粛)・蜀(四川)を経由する。その距離は数千里ともなる遥かなる道程である。会館の設立は、けっして思いつきででたらめな行いではない。……下略……

一八世紀なかば以降、清朝は一つには精錬された銅や鋳造された銅銭を搬出するため、また一つには人口の急増とともに、食糧を安定的に供給するために、金沙江の河道を浚渫し、四川や貴州と雲南の東北部とを結ぶ商業路を整備した。雲南と内地との交通網が整備されたことによって、ますます多くの移民が、江南や湖広、広東や陝西などから雲南に流入するようになった。東川はまさに移民の町へと変貌したのである。

広東への移住

一八世紀前半における人口の年平均増加率が四〇‰を超える広東の場合、客家《ハッカ》の移動に着目する必要がある。「客家」をハッカと呼び習わしているのは、標準中国語ではなく客家語による自称 *Hak-ka* に基づく。「客家」の定義としてあげられるのが、客家語を母語としている人々、というもの、ということになる。

客家と呼ばれる人々が広東に移入する過程は、四つの段階をたどって進んだ。

広東省の北東部には、山地と丘陵のあいだにわずかばかりの盆地が点在していた。一七世紀なかばになると、増えてきた人口に比して、耕地が少なくなっていった。もともと山地に住んでいた先住民族のシェ(畲)族と漢族とのあいだで、乏しくなった資源をめぐって緊張が高まっていく。盆地に住んでいた漢族の一部は、新天地をもとめて丘陵地帯を伝わって西に移住し始めた。これが第一段階。

なお、「畲」という民族名は漢族からの他称で、「焼き畑を行う人々」という意味を持つ。この民族は、現在は漢族の文化の影響を強く受け、福建省の山地に多く居住している。

第二段階は、一六八〇年代に遷界令が解除されたことが契機となって始まった。

清朝は、反旗を掲げていた台湾の鄭氏を海上封鎖するため、一六六一年に沿海地域の住民を立ち退かせて無人化する政策を進めた。この「遷界令」と呼ばれる政策の徹底度は、地域によってばらつきが見られるが、広東を北から南に流れる珠江が形づくった広大なデルタに対しては、厳密に実施された。福建などでは海岸から五〇里(約二五㎞)であったが、珠江デルタでは八〇里(約四〇㎞)が、立ち退きの範囲とされた。そのために一七世紀後半には、無人の土地で、珠江が運ぶ土砂が堆積し、排水さえ行えば豊かな収穫が期待できる土地が拡がっていた。

台湾鄭氏が投降すると、禁令が解除される。広東の住民の前には、広大な未耕地が広がることになった。遷界令で立ち退きを余儀なくされていた地元民と、移住を始めていた客家とが、珠江デルタに一斉に殺到した。耕地を維持管理する点で、もともと住んでいた地域エリートが、あらたに移住してきた客家よりも、圧倒的に有利だった。また、豊かな耕地をめぐり、地元民と客家とのあいだの対立も、激しさを増した。そのため、客家移住の第三段階では、珠江デルタから広東の西に広がる丘陵地域へ、再移住する流れが生まれた。

第四段階は、科挙の受験資格をめぐる客家と地元民との対立が、引き金を引くことになった。清朝の原則では、科挙は本籍地で受けなければならない。しかし、客家にすれば移住しはじめて数世代を経て、原籍との関係も薄れていた。一七六〇年代から清朝は人口が増えはじめた客家に恩恵を与えるという視点から、客家が居住地で受験することを認めるようになった。

この政策は地元民の目には、ただでさえ狭い門を、さらに狭くする暴挙と映った。地元民は不満の矛先を、客家に向ける。広東の各地で、「土客械闘《とかくかいとう》」と呼ばれる、エスニック・グループのあいだの武力衝突が多発するようになる。「械闘」の「械」は武器という意味。この抗争は殴り合うといった生やさしいものではなく、刀剣はもちろん火器まで繰り出され、双方に死者も多く出た。抗争から逃れるために、客家は僻地や山地に移り住まざるを得ない事態ともなったのである。

一七七六年から一八二〇年までの期間、人口の年平均増加率を地区に分けてみる。広東省の中央部の珠江流域は、二‰程度である。一方、東部の丘陵地域は四‰を超えている。増加率の地域差を、現在の客家の広東省における分布と重ねてみると、大都市で人口の絶対数が多い広州市を別にすると、全体として珠江流域には少なく、広東省の東部・西部の山地丘陵地域に多いことが分かる。つまり、広東省の一八世紀における人口の急増の大きな要因が、客家の移住であったこと、そして、現在の客家の居住地域が、この時期にほぼ確立されたと考えられるのである。

マンチュリアの人口

中国内地とは状況が異なっていたのが、マンチュリアである。中国内地の行政機構と区別され、満洲族宗室・王公の直轄地とされた。

一六四四年に清朝皇帝が北京に移ると、八旗に属する旗人は、一族を引き連れて故地を離れた。遼東は人口が激減し、耕地は放棄され、町は廃墟となり、原野は無人となった。

清朝はこの状況に、急いで対処する必要に迫られた。シベリアを東に進んできたロシアが、南下してきたのである。ロシアの影は一六四〇年代には、すでに現れていた。アムール川流域にロシアの冒険商人が、ツングース系の狩猟民から毛皮を買い付け始めていた。人口が空疎のまま放置すれば、ロシアが勢力を拡げてくる可能性がある、清朝は危機感を持った。駐防八旗を配置するとともに、人口の拡充を図った。

アムール川流域からツングース系の民族が、ロシア人の略奪を逃れて南下してきた。清朝は南遷してきた人々を、八旗のなかに編入したうえで、現在の吉林省・黒竜江省に徙民した。

一六五三年には中国内地の漢族を、積極的に遼東に入植させる政策を採る。入植者一〇〇名を集めたものには、県の長官の役職を与えるとし、入植者には土地のほか、毎月の糧食・種籾と一〇〇名ごとに牛を二〇頭を支給するとした(『盛京通史』)。この積極策は一六六八年には停止されるが、入植者は受け入れた。三藩の乱で投降した兵士も、遼東に徙民した。

マンチュリアの人口を補塡し、兵力を増強した清朝は、一六八五年にはアムール川流域のロシアの拠点を攻撃している。ロシア政府は清朝と交渉する方針を定め、一六八九年に二つの帝国のあいだで国境線を定めるネルチンスク条約が結ばれる。清朝はロシアの南下を食い止め、アムール川支流のアイグン川と外興安嶺以南の領域を確保することに成功したのである。

一八世紀になると、様相は一変する。華北からマンチュリアに移住する漢族が、増え始めたのである。中国内地で人口が増加し始めたために、あらたな生活の場をもとめて、社会全体が流動的になったことが、その背景にある。マンチュリアの山林原野は、旗人が遊牧や狩猟を行い、本来の質実剛健な気風を維持する場であった。移住した漢族がこうした土地を開墾し始めたことに清朝は危機感を抱き、一七四〇年代から漢族の入植を、禁止する政策に転換した。

北京の旗人の人口が増えたことも、漢族の入植禁止の背景にあった。泰平な世では、旗人は年金生活者である。自活しない旗人は、清朝の財政を圧迫する。また、大都会の消費生活に浸りきった旗人の子弟を、鍛え直す必要もあった。そこで清朝は、北京の旗人をマンチュリアに徙民する政策を始めた。旗人を優先的に入植させるため、漢族の移住を規制したのである。

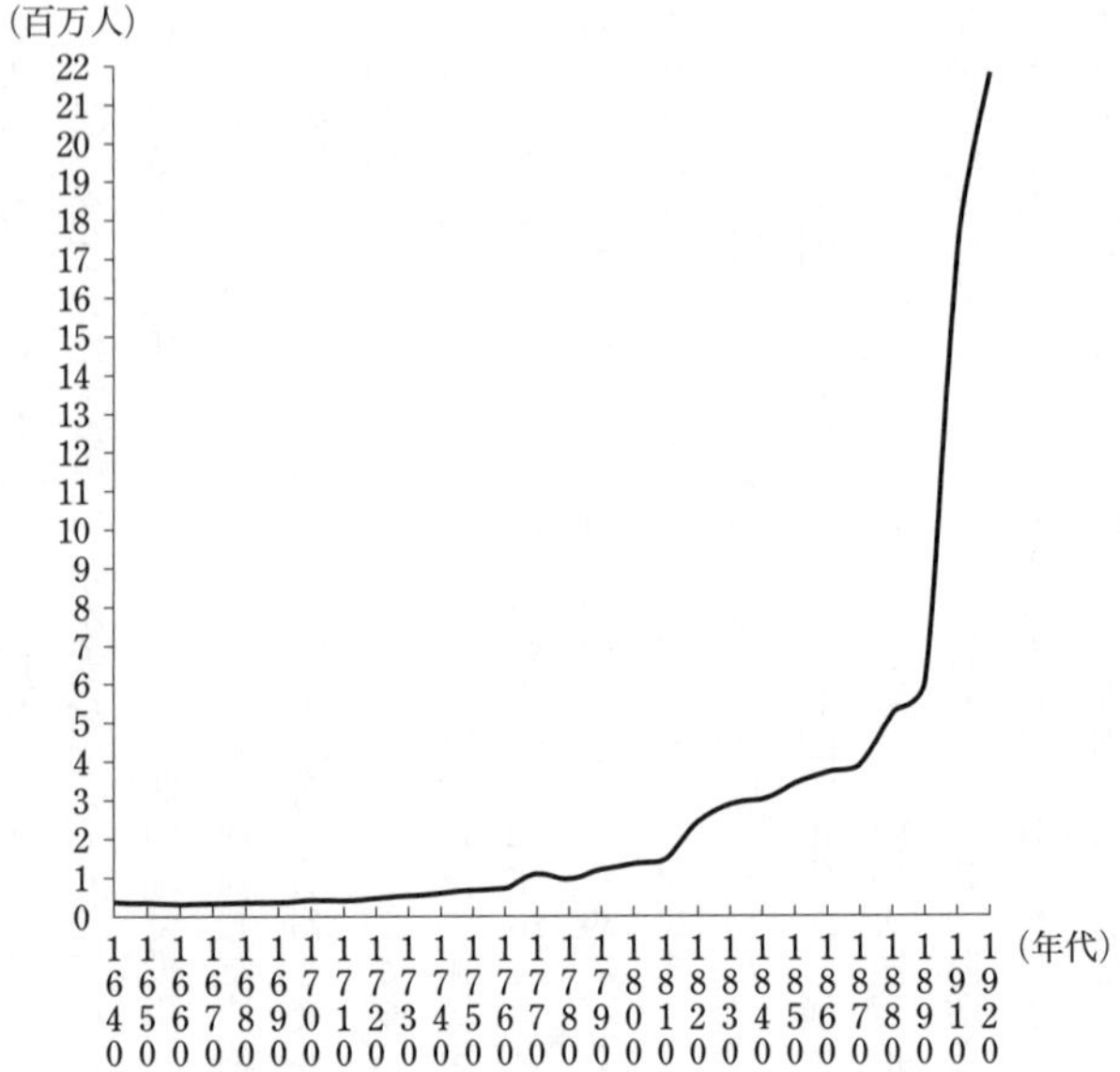

図 4-2　マンチュリアの人口(趙(2011))

清朝はマンチュリアの住民を、三つに分類して管理した。旗人に対しては、八旗制度のもとで特別の戸籍を作成した。子どもが生まれると、生後一か月後に男女の別なく、ニルの司令官ニルイ・ジャンギン(佐領)に報告して登録する。漢族は州県の役場が管理し、一八世紀なかば以降は、保甲制で人口が把握された。モンゴル族やツングース系の諸民族は、羈縻政策の対象となり、それぞれの首長が管理したため、人口統計は得られない。

　このような特殊事情から、マンチュリアの人口動向は、中国内地とは異なる。一八世紀を通して、一〇〇万程度に止まっており、急激な増加がはじまるのは一九世紀になってからである(図4-2)。なお、旗人の戸籍簿は男女双方の情報が記載されているという点で、歴史人口学の第一級の資料となる。この資料を用いた実証的研究も、すでに発表されている。しかし、一八世紀の人口爆発の原因を探ろうとする本書の第五章の目的には、応えてはくれない。二〇世紀・二一世紀の中国人口史を扱う本書の続編が刊行されるときに、あらためて取り上げることにしたい。

モンゴル・チベットおよび東トルキスタンは、それぞれの社会組織を活かして管理させる方式を採った。全体を藩部と呼び、理藩院が所管する。清朝は漢族が藩部に入植することを厳禁した。実際はアルタン＝ハーンの時代のバイシン(板升)を引き継ぎ、漢族の入植は続いたが、非合法であるために記録に残らず、人口統計で拾うことはできない。藩部の人口動向については、今後の研究の発展に期待したい。

第五章　人口爆発はなぜ起きたのか
——歴史人口学的な視点から

マクロ・レベルの理由

一八世紀に中国の人口が爆発的に急増したのは、なぜなのか。

よく行われる説明の一つは、第三章で言及したように一七二〇年代に、税制の一大改革が行われ、人頭税が廃止されたことで、それまで隠れていた人口が表に出た、というもの。「地丁併徴」と呼ばれる改革で、数千年ものあいだ続いてきた「丁」(成人男子)を王朝が登録して、兵力・労働力として徴用する制度が、全廃された。人口史上、このインパクトは大きく、無視はできない。人口統計の基礎となるデータは、この改革を境として、戸口から民数に変化した。

高等学校の世界史の授業などでも、地丁併徴が人口急増の原因だという説明がなされることが多い。しかし、税制改革が人口に与える影響は、一時的なものである。一八世紀をとおして民数は増加し続け、一八世紀なかばに二億程度だった人口が、約一〇〇年後の一八五〇年代に四億まで膨れ上がる理由は、別の所に求めなければならないだろう。

序章で示した折れ線の人口グラフ(図P-1)は、一七四〇年ごろに鋭角を描いて上昇しているが、これほど一気に増えたとするには、無理がある。一七四〇年以降の民数統計に基づく人口の年増加率を過去にさかのぼらせて、改めてグラフを描き直すと、人口の急増が始まる時期は、一七〇〇年を少しさかのぼり、一六八〇年代だったと推定される。それはまさに、清朝が抵抗勢力を抑え、「盛世」と呼ばれる太平の世が始まった時期である。

本章で取り組む課題は、このときに始まる清代のベビーブームが、その後も持続する理由は何か、というものだ。

本書で繰り返し登場する何炳棣は、清代の民数統計は戸口統計に比べて精度が高いとし、一八世紀に間違いなく人口が急増したとしたうえで、その理由をトウモロコシとサツマイモ、ジャガイモというアメリカ大陸原産作物の栽培が、この時期に中国で普及したことに求めている。これらの作物が中国にもたらされた時期は、一六世紀後半だったとされる。新たな作物が農民に受け入れられるまでには、一〇〇年あまりの時間を要した。

普及にあたっては、人民を飢えさせないことを至上命題とする清朝の意向を背景として、各地に赴任した官僚の努力もあった。いったん普及すると、これらの作物は従来のイネやムギ、アワやキビでは栽培することが難しい山の急斜面でも植えられることが認識され、山間地域で広く栽培されるようになった。今では山がちな地域を旅すると、食用に生産されている作物はトウモロコシ・ジャガイモ、それに加えてトウガラシと、アメリカ大陸原産のものばかり、という光景を目にすることができる。

新しい作物が食糧の選択肢を増やしたことは間違いないが、人口急増の要因に直結するか否かの判断は、慎重にしなければならない。次章で述べるように、急斜面でトウモロコシなどを栽培するときに、その方法を間違えると土壌流失を招く。原産地の中南米ではアンデス山脈などの急斜面にジャガイモを持続的に栽培する農耕が発達した。しかし、中国の漢民族が数千年にわたって行ってきた園芸的農耕、つまり樹林を焼き払い更地にして、単一の作物を植える農法は、土地を荒らす。表土を失った大地は、岩盤がむき出しとなり、もはや耕作を続けることができない。一時的に人口が増えたとしても、一〇〇年あまり継続できるとは限らないのである。

ミクロ・レベルの人口動態

マクロな人口動態も、つきつめてその要素をたどっていくと、移出と移入の差（社会増減）と、出産と死亡の差（自然増減）の二つに行き着く。一八世紀の中国を取り上げると、人口構成を変化させるような大規模な移民が海外から押し寄せるという事態は、見当たらない。

自然増減を解明するためには、過去に生きた人々が、どのように生まれ、どのように産み、どのように死んでいったのかを探求する、ミクロな研究が必要となる。近代的なセンサス(国勢調査)が国家の手で行われる以前の時代について、こうしたミクロ・レベルの人口動向を探る研究領域は、歴史人口学と呼ばれる。

歴史人口学は、フランスの歴史学者が確立した。分析の対象となった史料は、キリスト教教会の教区簿冊。カトリック教会はその教区の住民について、洗礼や結婚・葬儀などの記録を長期間にわたって保存している。幼児洗礼が一般であったため、洗礼の記録を集積すれば、出産の動向が分析できる。結婚や葬儀も教会がミサを行うため、記録が残る。歴史人口学とは、本来は人口調査とは全く関係のない資料を分析して、過去に活きた人々の出生・結婚・死亡などの実態を再構成して、人口の変遷を明らかにしようとする学問ということになる。歴史人口学は、イングランドで研究が進展した。

教区簿冊は教区の住民に関する洗礼・婚姻・埋葬などの情報を、当人の名前のもとに記録したもので、一般的に日付の順番にまとめられている。出生数の変化や寿命などを調べるには、個人別の情報を集計すればよい。しかし、一人の女性が一生のあいだに産む子どもの人数など、人口の増減に関わる項目などを解明するためには、日付の順番でまとめられているデータを姓名を手がかりに寄せ集め、父母や配偶者のデータをつなぎ合わせて家族を復元する必要がある。この手法は、家族復元法と呼ばれる。

日本では二〇一九年に亡くなられた速水融が、家族復元法を用いて宗門人別改帳を分析し、詳細な研究を進めた。宗門人別改帳とは江戸時代に、住民が禁教とされたキリシタンではないことを確認するために作成された簿冊。一六三七～三八年の島原天草の乱を幕府がようやく鎮圧したあと、天領で宗門改が始められ、まず宗門改帳が作成された。現存する最古の宗門改帳は、一六三四年に作成された長崎県平戸町・横瀬浦町の「人数改之帳」。一六六四年に幕府は各藩に宗門改帳の作成を命じると、以前から労役を拠出させるために作成されていた人別帳と合体され、宗門人別改帳が年ごとに作成された。宗門人別改帳は世帯ごとにまとめられ、しかも資産状況も分かる点で、ヨーロッパの教会簿冊と比べて豊富な情報を伝えてくれる。

中国人口史の研究では、「族譜」と呼ばれる資料を用いて、ミクロレベルの研究が行われている。台湾の劉翠溶が先鞭をつけ、現在は上海の侯楊方が詳細な研究を行っている。

資料となる族譜について、説明する必要があるだろう。

漢族は一六世紀ごろから、父系でつながる「宗族」と呼ばれる同族の結束を強めるために、一族の記録を大部な書籍にまとめるようになった。まとめようと思い立ったときに生きていた人々が、それぞれの父から祖父・曽祖父と父方の祖先をたどり、はるか昔の過去に一人の共通する男性の祖先を見いだすと、そこから分かれ出た子孫をたどり、まとめ上げる。このルーツ探しには、ときとしてフィクションも絡むのではあるが、一つの地域に住む同じ姓を持つ人々の記録が族譜に記載されることになる。地域の外に出た人に関する情報も、同族であれば積極的に収録した。

族譜の編集は、一七世紀以降、時代をくだるにつれて盛んになり、その時期に成立した族譜のいくつかは日本にも招来され、日本の研究者が利用することができる。

族譜の個人情報

西欧の教区簿冊や日本の宗門人別改帳が住民票に相当するとしたら、族譜は戸籍謄本ということになる。したがって地域の人口動態を、厳密に言うならば反映していない。しかも、父系の親族のための記録であるために、女性に関する情報はきわめて少ない。家族の構成を過去に遡って復元する歴史人口学の手法は、はじめから断念せざるを得ない。しかし、限界はあるものの、中国社会について、ミクロな自然増減を推測する手がかりを与えてくれる唯一の資料群であることに違いはない。

一つの宗族に属する「族人」の個人情報が族譜に記載される際には、共通の祖先を起点に男系をたどり、子の世代・孫の世代・曽孫の世代ごとに記録される。日本では「世代」という用語が一般に年齢でまとめた集団を指すので、混乱を避けるために本書ではこの世代ランクを「世輩」と呼ぶことにしよう。

共通の祖先が十数世輩も以前に設定されている場合、出生の間隔の長短のために、同じ世輩に属する族人のあいだでも、年齢が大きく乖離する。漢族社会における親族関係では、年齢による世代よりも世輩による序列が優先する。そのために五〇代の中年が、二〇代の青年に上座を譲るということも珍しくはなかった。世輩に基づく秩序原理は、「輩份」と呼ばれる。

ここに示した個人情報記載の書式は、本章のなかほどで分析する『諸暨《しょき》鍾氏宗譜』から持ってきた(図5-1)。世輩ごとにまとめられた族人の情報は、諱や号などの呼称、行第と呼ばれる宗族内の序列を明示した名称から記載が始まる。各世輩には固有の漢字一文字「輩字」が割り当てられており、輩字に続いて同じ世輩のなかでの出生順を示す数字が付される。図では「見」とあるのが、輩字である。輩字を見れば同族内の序列が一目瞭然で分かるという仕組みである。科挙制度に基づく身分を持つ場合には、その情報が記される。個人を特定する情報に続いて、生年月日時と卒年月日時が、農暦(太陰太陽暦)で示される。族譜によっては、干支で記載されるものもある。

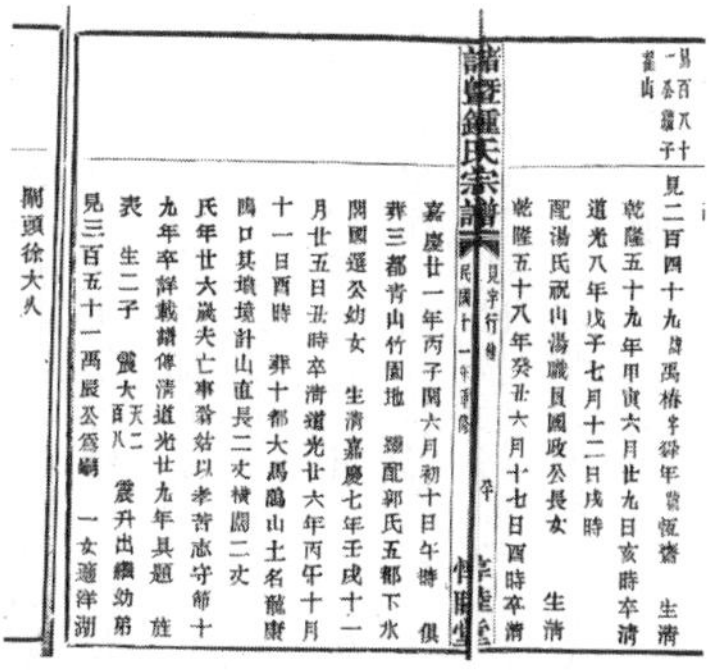
見二百四十九 諱禹椿 字舜年 號恆齋 生清
乾隆五十九年甲寅六月廿九日亥時卒清
道光八年戊子七月十二日戌時
配湯氏祝山湯職員國政公長女 生清
乾隆五十八年癸丑六月十七日酉時卒清
諸暨鍾氏宗譜 見字行傳 民國十一年重修
嘉慶廿一年丙子閏六月初十日午時 俱
葬三都青山竹園地 繼配郭氏五都下水
閣園還癸幼女 生清嘉慶七年壬戌十一
月廿五日丑時卒清道光廿六年丙午十月
十一日酉時 葬十都大禹嶺山土名龍康
嶼口其墳境計山直長二丈橫闊二丈
氏年廿大歲夫亡事翁姑以孝苦志守節十
九年卒詳載譜傳清道光廿九年具題 旌
表 生二子 鑛大 震升出繼幼弟
見三百五十一禹晨公爲嗣 一女適洋湖

図5-1　族譜の記載書式(諸暨鍾氏)

続いて配偶者の女性に関する情報が記載される。配偶者の生没年月日時は、族譜の編集方針のちがいで、記される場合と、無視される場合とがある。記すという原則を定めているものでも、情報が欠落することが多い。そのあとに女性が産んだ子どもの情報が加わる。息子については行第が記載されているので、次の世輩の項目から情報を寄せることが可能になる。しかし娘については名も記されず、ただどこに嫁いだと書かれるだけ。結婚する前に死去した娘については、記録に残らない可能性が高い。再婚したり複数の配偶者を伴ったりする場合には、女性ごとに子どもの情報が整理されている。

族譜の情報は教会簿冊や宗門人別改帳と比較した場合、父系をたどる研究には適しているものの、歴史人口学の資料としてみた場合には、決定的な欠落がある。結婚した時期が分からないこと、娘たちの生年月日が記載されていないこと、「丁」となる前の一五歳未満、一部の族譜では七、八歳になる前に死去した男児、結婚しなかった女児の記録に漏れが多いこと。そのため、家族復元法は適応できない。

族譜に記載されていても、族譜が編集された土地に住んでいるとは限らない。そのために族譜に基づいて分析した場合、地域の人口動態を正確には捉えることができない。他方、転居している族人に関する情報は整っており、中国全体の趨勢を読み取ることは可能である。

族譜に見る婚姻と生育

人の出入りがない、言葉を換えて言えば人口学的に閉鎖的な社会を設定した場合、ある年の人口の増減は、出生数から死亡数を差し引いた数値となる。一人の女性が一生のあいだに産み育てた子どもの数を、「合計単純生育率」と呼ぶことにしよう。

人口統計では、「合計特殊出生率」がもっとも重要な数値とされる。これは女性が出産する年齢を一五歳から四九歳と仮定して、各年齢ごと出生率を足し合わせて平均することで算出される数値で、この数値は人口動向を把握する際に、もっとも基本的な情報の一つとされる。二〇一九年の日本の合計特殊出生率は、一・三六と過去最低を記録し、少子高齢化が加速されたと大きく報道された。

本書で分析する「合計単純生育率」は、これとは少し異なる。

族譜に基づく分析では、幼児だけでなく婚姻前の女性の記録が残らず、娘の人数が記録されている族譜でも、出生した年が分からないため、合計特殊出生率を算出することができない。さらに、幼児ばかりか男児でも一五歳未満の子どもの記録に欠落が多いため、出生率を推定することも困難を伴う。族譜の記録は、産み育てられた子ども、生育された子どもだけなので、まず「出生率」ではなく「生育率」とした。

特殊合計出生率は調査時において、潜在的に何人の子どもが生まれるか、という数値となる。これに対して族譜に基づいて算出できる数値は、過去にすでに起きてしまった出産の動向を示す。そのために「合計単純」とし、同じ期間に出生した女性の集団ごとに集計した。同年または同期間内に生まれた人々の集団を、人口学では「コーホート」と呼ぶ。

人口学では一般に、女性が出産する年齢を一五歳から四九歳と仮定する。出産開始の年齢が低く一五歳に近づくと合計単純生育率は上がり、遅くなると逆にその数値は低くなる。族譜では宗族に嫁いだ女性ごとに子どもの数が記録され、婚外で生まれた子どもが仮にいたとしても、その数を知る手がかりはない。結婚後に出産するというパターンが一般的だという前提を立てるならば、出産開始年齢は、その女性が結婚した年齢と強い相関関係があると考えられる。

族譜ではいつ結婚したかという情報は、系統的に記載されないが、儒教的な価値観から表彰される女性については、「女伝」などの項目に彼女らの略伝が記される場合がある。浙江省の蕭山の族譜に基づいて、劉翠溶は平均婚姻年齢を男性の場合は二一・三歳、女性は一六・一歳とする。私が蕭山に隣接する諸曁の族譜で調べたケースでは、一八世紀の女性の婚姻年齢は、数え年で一五歳から二三歳のあいだに収まり平均すると一九歳、満年齢では一七歳から一八歳のあいだとなり、蕭山よりも若干高くなる。

出産開始年齢を推定するもう一つの方法は、母親が長男を出産した年齢から逆算するというものである。劉翠溶の整理によると華北では長男出生時の母親の年齢は二三歳程度なのに対して、華中・華南では二五歳程度で、若干高い。時代の変遷をたどると、華中・華南では一七五

表5-1　長男出産時の母親の年齢（劉（1992））

	氏族件数	人数	1550–1649年	1650–1749年	1750–1849年	1850–1899年
華中・華南	40	35,926	25.58	25.5	24.8	23.5
華北	10	1,060	23.68	23.9	25.5	22.6

〇年ごろから低減傾向が見られるようになるのに対して、華北では一七五〇年から一〇〇年間は二五歳へと上がっている（表5-1）。

女性の婚姻年齢と比べて、長男出生時の年齢は華中で九年ほど高い。このギャップは出産後に夭折し、族譜に記載されなかった子どもの存在、そして何よりも大きな理由は女児の記録が抜けていることに由来する。族譜では女児の記録がないため、男子のみで出産の間隔を調べると、長男と次男とのあいだで五・五六年、次男と三男とのあいだで五・〇七年と出産の間隔が短くなり、八男と九男とのあいだともなると三・一二年となる。この傾向から逆算すると、結婚から長男を出産するまでの平均期間は、六年ほどであった可能性がある。

江戸時代の信濃国の歴史人口学的な分析では、出産間隔は結婚から第一子出産までの期間は三・一年、第二子以降は四・一年と長くなり、中国とは真逆の傾向を示す。この差異は、女子の出生記録の有無から生じているとみて間違いはないだろう。出産の回数が増えると、男子の出生率が女子よりも高くなるとは考えられない。族譜に基づく分析で、男子の出産間隔が長男から次男、三男と下るにつれて短くなる背景に、生まれてきた女の子だけを選択的

（劉(1992)）

（浙江）蕭山沈氏		（浙江）蕭山徐氏	
卒年不明	享年 40＋	卒年不明	享年 40＋
0.00%	2.20%	0.30%	4.16%
14.56%	2.08%	16.86%	4.33%
（安徽）桐城王氏		**（江西）宜黄黄氏**	
卒年不明	享年 40＋	卒年不明	享年 40＋
13.68%	5.29%	17.68%	5.41%
33.21%	2.38%	23.03%	2.22%
（湖南）衡陽魏氏		**（湖南）清泉李氏**	
卒年不明	享年 40＋	卒年不明	享年 40＋
12.70%	5.58%	6.19%	7.92%
18.26%	13.06%	19.08%	12.79%
（広東）香山麦氏		**（広東）番禺淩氏**	
卒年不明	享年 40＋	卒年不明	享年 40＋
0.89%	1.55%	0.41%	0.20%
8.63%	3.52%	9.24%	1.46%

に間引く「溺女」の慣行があったと推定される。

授乳をしているときのホルモンが排卵を抑制させる働きがあるとされ、例外はあるものの、一般的に授乳期間は妊娠しにくい。中国では一般に断乳する時期が遅い。こうした風習が過去に遡れるとした場合、初子から子どもの数が増えるに従い、溺女の比率が高くなり、強制的な断乳のために妊娠が早まるということが、考えられる。結婚後に最初の生まれた女子は、のちに生まれてくる男子の子育てに姉として役立つとして、授乳しながら育て上げる。しかし、娘が二人、三人と増えた場合に、その次に生まれてきた女子は、出生直後に間引かれる。そのような事態を想像することができる。

婚姻率も見ておこう。族譜に記載された女性すべてが既婚であるため、結婚しない女

表 5-2　男性未婚率

宗族名	(江蘇)江都朱氏		(江蘇)江陰繆氏	
	卒年不明	享年 40+	卒年不明	享年 40+
1650-1749 年	18.76%	0.10%	4.07%	5.05%
1750-1849 年	22.19%	1.02%	9.76%	4.34%

宗族名	(浙江)蕭山曹氏		(安徽)桐城趙氏	
	卒年不明	享年 40+	卒年不明	享年 40+
1650-1749 年	18.10%	0.51%	6.02%	3.74%
1750-1849 年	33.68%	0.65%	20.70%	3.65%

宗族名	(湖北)武昌徐氏		(湖北)蘄水畢氏	
	卒年不明	享年 40+	卒年不明	享年 40+
1650-1749 年	12.71%	1.86%	23.58%	3.14%
1750-1849 年	19.58%	6.28%	33.77%	10.11%

宗族名	(湖南)邵陽李氏		(広東)新会易氏	
	卒年不明	享年 40+	卒年不明	享年 40+
1650-1749 年	12.03%	1.79%	19.95%	1.49%
1750-1849 年	26.93%	7.19%	12.07%	0.77%

性の比率は明らかにしようがない。劉翠溶は族譜を用いて男性の未婚率を算出している。そのなかから、標本数が一〇〇〇件を超える大部な族譜について、表にまとめた（表5-2）。表では一六五〇年と一七五〇年からそれぞれ一〇〇年間に出生した男性のコーホートごとに、卒年不詳の場合と、享年が四〇以上となった場合とに分けて、未婚者の比率を掲げている。

　享年四〇以上のケースをみた場合、華中・華南では一七五〇〜一八四九年に生まれた男性の未婚率は全般的に、一六五〇～一七四九年の未婚率よりも高くなっている。湖北と湖南の五つの族譜では、一・八六％から六・二八％に増加したケースや七・九二％から一二・七九％に増加したケースも見られる。

この傾向は、卒年不詳者の場合でより顕著に表れる。劉は年若くして死去している場合には結婚のチャンスがなかったとして、四〇歳以上の男性のほとんどが結婚できたとしている。しかし、卒年不詳者をみると、その結論は再考する必要があるだろう。

人口学的にみると、男性は人口の自然増加にまったく寄与しない。未婚の男性の比率が上昇することが、人口動態にどのような影響を与えるのか、のちほど検討することにしたい。

諸暨鍾氏族譜にみる婚姻と生育

私が分析した族譜は、浙江省の諸暨盆地に生活の基盤を置いた鍾氏が編集したもの。諸暨盆地の自然条件は、日本の四国などと似通っている。夏に雨が多く、常緑広葉樹林が茂っていた。春秋時代の美女・西施は、この盆地で生まれたという。

南宋のころから漢族が移り住んで開拓してきた。歴史的な大事件としては、一八六一年から翌年にかけて、清朝の打倒を掲げて華南から北上してきた太平天国に支配され、戦乱に巻き込まれたことが挙げられる。

鍾氏は盆地の各地に分かれ住んでいた同姓を名乗るグループを、一七世紀のはじめごろにまとめ上げて情報を集約して、この族譜を作成した。宗族の男性構成員とその妻の生没年月日、妻が産んだ子どもの数などが、記載されている。婚姻や女児の出生などに関する情報はない。この族譜の特色は、他の族譜と比較して、婚入した女性についての情報が多いものの、一六八〇年代以前については、生没年月日や子女の生育に関する情報に欠落が多く、統計的処理には適さない。こうした情報の制約を念頭に置きつつ、分析の結果を見てほしい。

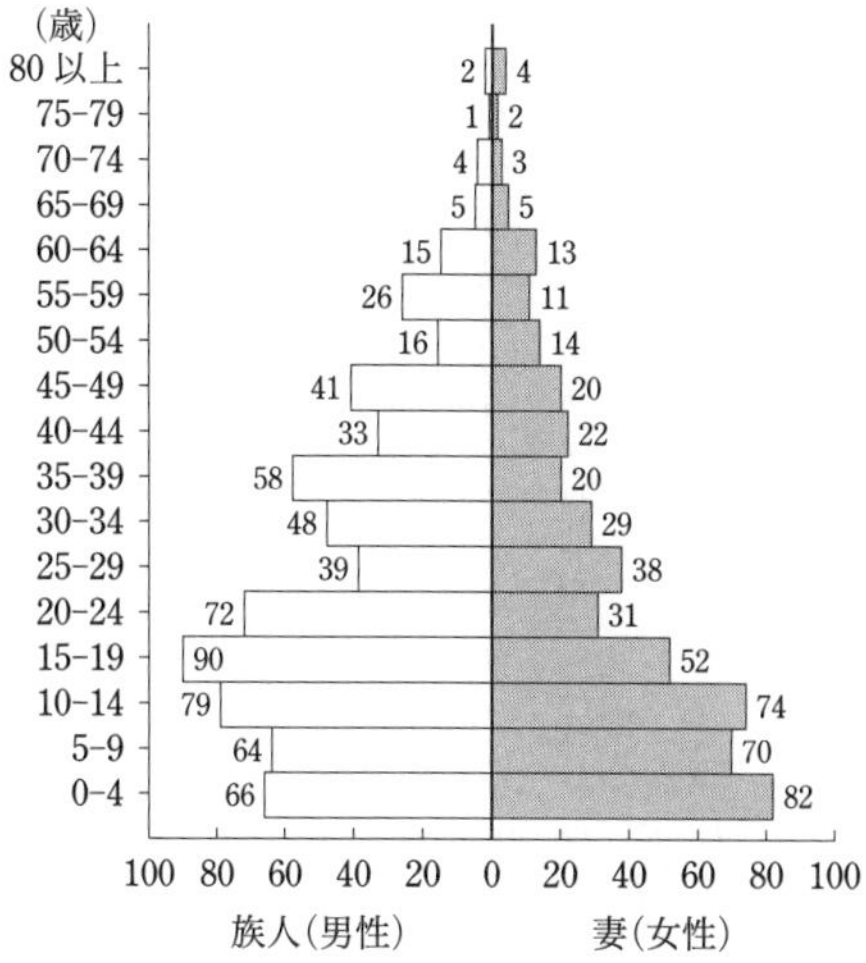

図5-2　1700年の人口ピラミッド(諸曁鍾氏)

ここに示したグラフは一七〇〇年時点の人口ピラミッドである(図5-2)。これをみるとこの族譜記録の特徴が、はっきりと現れている。一般的に前近代社会の人口ピラミッドはその名が示すように、幼児から年齢が上がるにつれて減少するピラミッド型のグラフとなる。ところがここで掲げたグラフを見ると、男性の側では〇歳から九歳までが少なく、その上の一〇歳から一九歳の世代で増え、それ以上の世代がピラミッド型となる。女性の側では一四歳までが多く、一五歳からガクッと減って、男性側と比べて痩せたピラミッドとなる。

一〇歳以下で夭折した男子の記録が族譜には欠けていること、一五歳を越えた男性については、漏れが少ないということがうかがわれる。女性の記録はすべて婚入者で、結婚前に死去した女性はグラフに現れようがない。そのため婚入後の死亡による減少が、グラフに影響する。

そこから次の諸点を推定することができる。族譜には八歳ごろからようやく記録に残るようになり、「丁」となる直前の一五歳からはほぼ漏れなく記載するという編集方針があったということ。女性の結婚年齢は、ピラミッド型を示し始める一五歳から一九歳のあいだに収まることも、グラフから読み取れる。一五歳以上で、男性のピラミッドの方が、女性のそれと比べて太いということは、未婚の男性が多かったことを示す。

男性の婚姻が時期的にどのように変遷したかを表したものが、図5-3のグラフである。一六六〇年代に出生した男性の未婚率が二〇%程度であったものが、その後一〇〇年のあいだ一貫して上昇し、一七四〇年代・六〇年代生まれの男性の未婚率が四〇%と約二倍になっている。その後はいったんは低下するが三〇%台をキープし、一八五〇年生まれでは約半数の男性が結婚できなかった。

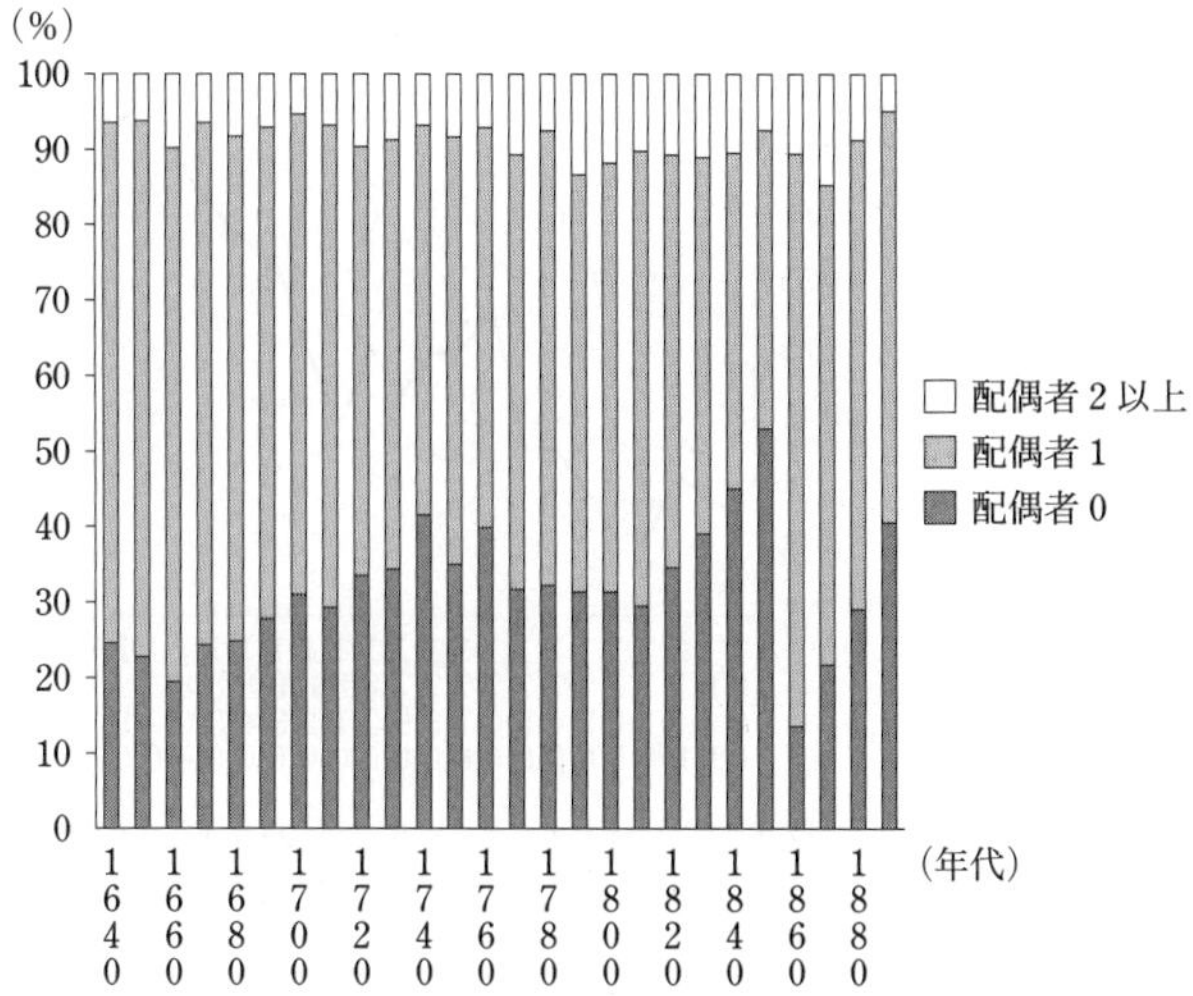

図 5-3　族人(男性)コーホートごとの配偶者数(諸曁鍾氏)

一八一〇年以降生まれの未婚率が上昇するのは、太平天国の戦乱に巻き込まれて、結婚する前に命を落とした男性が少なくなかったことが、おそらくその原因であろう。再婚したか蓄妾したかは問わず、二人以上の配偶者を持った男性の比率は、一〇%を上下しており、傾向性を認めることは難しい。

鍾氏のケースでも、劉の分析結果と同じく、一八世紀半ば以降の男性の未婚率が上昇していることがわかる。未婚率が上昇すると、出生率を下げるような印象を与えるが、男性は子を産むわけではない。問題は、女性が産み育てた子どもの数である。そこで次に女性に注目してみよう。

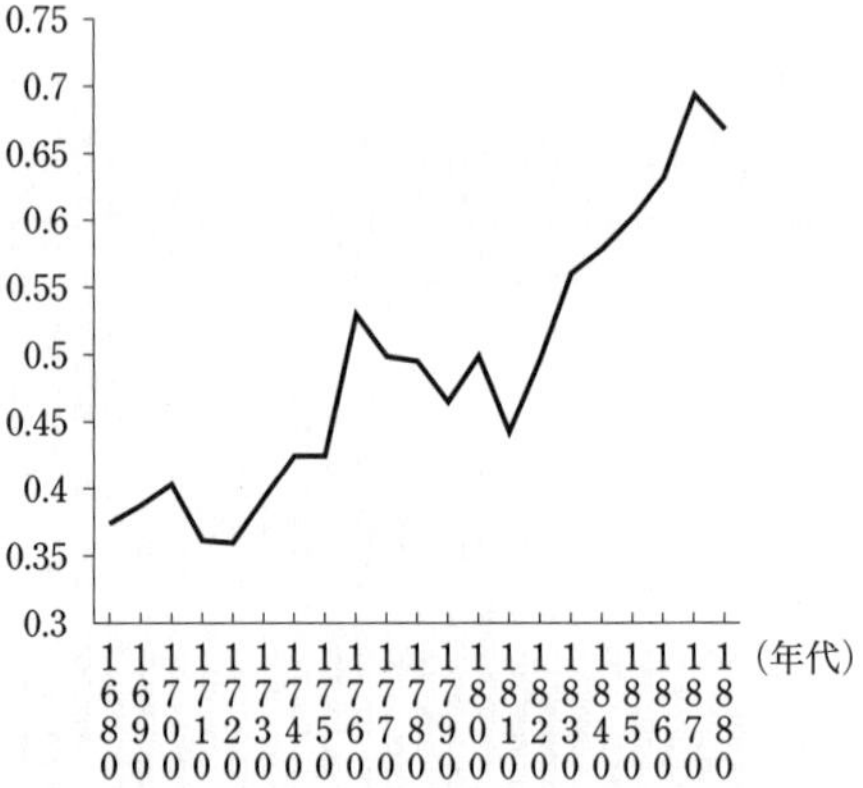

図5-4　母親コーホートごとの生育男女比＝男子1に対する女子の比率（諸曁鍾氏）

図5-4のグラフは、鍾氏に嫁いだ女性が一生のあいだに生育した子女の比率の変化を示したものである。横軸は母親の出生年代である。縦軸は、同一世代生まれ（コーホート）の母親が生育した女子の数を、男子の数で割った数値となる。男女の均衡が取れていたら、数値は「一」に近づく。なお人口学の記載では、女性に対する男性の比率を掲げることが一般的なのだが、族譜では女子の記録が残りにくいために、女子一にたいする男子の比率が突出して多くなりグラフに収まらない。本書では男子一に対する女子の人数を取ることにした。

グラフをみると各時期において、常に女子が少ない。その理由として大きな要因は、一五歳以上の男子については、原則として記載されているのに対して、女子は結婚してはじめて一人前として認識され、結婚前に死去した女子が記載されていないことが挙げられる。

こうした基本的な状況が変わらないとした場合、一七二〇年代生まれの母親が生育した女／

男比率から、一貫して女子の比率が上昇傾向を示している。子どもを産んだ時期を、母親が生まれた年代よりも二〇年ほどあとだと仮定すると、一七四〇年以降、生まれた女児の比率が高まるということになる。

中国では跡継ぎとして、また労働力としての男子を切望し、もっぱら女子を水につけて間引く「溺女」の風潮が広く行われていた。一八世紀なかばに、この溺女が抑制されたという可能性がある。一八一〇年代生まれのコーホートでやや減少するのは、この世代の母親が産んだ女子が成長したときが太平天国の時期に相当しており、混乱期に結婚せずに亡くなり、族譜に記載されなかった女子が増えたものと推測される。

溺女の抑制

溺女については、多くの先行研究がある。地域社会を行政法の視点から研究してきた山本英史は先行研究を踏まえたうえで、まず概略を次のように述べている。戦国時代にはすでに「父母がその子に対しては、男を産んだ場合にはこぞって祝うが、女を産んだ場合にはすぐにこれを殺す」(『韓非子』「六反」)とあるように、溺女の慣行が存在していたが、大きく社会問題として認識される時期は、宋代だという。

ただ、宋代は経済的な理由から、男女の区別なく間引き(殺嬰)が行われていた。明清時代になると、「溺女」という呼び方が一般的になり、女子が対象となる傾向が強くなったという。中国社会史研究で著名な常建華は、多くの文献を渉猟したうえで、清代における溺女の風習について、福建・江南(江蘇・安徽・浙江)・江西で盛んに行われたが、広東・山西・河南などでも、貧しい家で溺女が行われたと指摘する。

清朝は漢族社会を統治するようになると、一貫して溺女の風習を止めさせようとした。明朝が滅んだあとに北京に入った皇帝の順治帝(本名は愛新覚羅福臨《アイシンギョロフリン》)は、溺女の風習を厳禁することを求める上奏に接して、一六五九年に「朕はこれまで溺女があることを耳にはするも、なお信じなかったが、いま上奏を読み、その事実があることを初めて信じるようになった」と述べて、禁令を出した。この皇帝の言葉からは、満洲族のあいだでは溺女の風習がなかったことがうかがわれる。こうした皇帝の方針を受けて、一七世紀後半には地方に赴任した官僚たちが、溺女禁止の布告を積極的に出している。

地方官僚たちが出した布告を読むと、その多くが溺女という行為が倫理道徳に反するものだ、という理由を掲げるだけで、社会問題として認識するものは少なかったという。そのなかで例外として山本が紹介する布告では、「溺女は婚姻の源をふさぎ、朝廷の戸口を減らし、その残忍さは天地の中和を犯し、人には嫁がいない悲しみを増し、己には跡継ぎのいない報いを受ける結果となる」とあり、人口問題との関連で溺女を論じている。この布告は、一六八八〜九五年に浙江省の寧波に赴任した官僚が出した。

清代の溺女を取り上げる論考に共通する結論は、地方長官が溺女禁止の布告を繰り返し出してはいるが、この風習が根絶されることはなかった、というものである。清朝の刑法にあたる『大清律例』では、祖父母・父母が子孫を故意に殺害した場合は、杖で六〇回たたいた後に、一年間の徒刑に処するとはあるが、この法令が溺女について実際に施行された事例は、史料で確認されないという。刑法で取り締まろうとしても、家族合意のもとで嬰児が殺された場合、仮に疑ったとしても「死産だった」と申し立てられれば、摘発することは困難であっただろう。

一八世紀になると多くの宗族が、溺女を問題とするようになる。諸曁の事例をいくつか挙げておこう。

諸曁の趙氏の族譜には、次のようにある。

聞くところによれば、男は外、女は内にあって、乾坤のそれぞれの位置を定めている。陰(女性)が絶え、陽(男性)が孤(独身)となっては、その無念な想いが天地に留まる。いわんや人の父母たるもの、いったい誰が天性を備えず、溺女の凄惨な行いを平然と行い、もって天地の調和を乱そうとするだろうか。

吾が族は上(祖先)に対しては命を大切にし、下(子孫)に対しては善良なものが生まれるようにするために、方策をたてて嬰女を救済するように勧め導くことにする。

すべての族内の貧苦の家はもちろん、外姓(同族ではないもの)で吾が郷里に住むものは、区別することなく、公祀(祖先を祭る施設)において、〔女子が生まれたその年には〕銭一〇〇〇を支給し、次の年は五〇〇を再び給して、子育てができるようにする。(『曁陽蘭台趙氏宗譜』)

諸曁の名族だった応氏の場合には、族人の一人が溺女の悪習を哀れんで、親族・姻戚から田地や資金の寄付をもとめて、嬰児救済のために拯嬰堂を建て、さらに子育ての困難に陥ったものに救済金を支給するようにしたという(『義門応氏宗譜』「拯嬰堂碑記」)。

官憲が溺女を取り締まれないとしても、宗族が対策を講じた場合には、それなりの効果があったのではないだろうか。困窮した家で子どもが生まれたという事情は、身近な親族であれば察知できる。溺女に踏み切る前に、子育てを支援する仕組みが同族内にあれば、女児であっても育て上げようとする父母は少なくなかっただろう。

清代に溺女の風習が根絶できなかったことは、間違いない。しかし、間引かれてしまう女児の比率が下がれば、次世代を産み育てる女性は増える。溺女が抑制されたことが、一八世紀の人口増加と関連があると考えられる。

死亡の動向

人口統計学で死亡の動向を検討する際には、特定の期間内における年齢階層ごとに生存数と死亡数とを調べ上げて、生命表を作成するところから着手することが求められる。ところが、すでに述べたように族譜では、一五歳未満の男性、婚姻前の女性についてデータが得られないために、平均余命などのもっとも基本的な項目も算出することができない。

そこで本書では、一定期間の死亡者数を単純にその期間の人口で割った粗死亡率、人口の年齢構成を考慮せずに死亡時の年齢を平均した平均死亡年齢、それに死亡の季節的な変動を示す月別死亡指数の三項目を取り上げることにしたい。

図5-5のグラフは諸曁の鍾氏族譜から得られた一六八〇年代以降の六年ごとに、族人（男性）と妻の粗死亡率（その年の死亡者数÷年初の生存者数）の変化である。これを見ると六年間で平均された死亡率なのにもかかわらず、小刻みに変動していることがまず読み取れる。また男女の変動はほぼ同期していて、大きくずれることはないことがわかる。

大局的にみると、一六八〇年から粗死亡率は一七二〇年ごろまで減少傾向にあったものが、その後、五〇年ほどの周期で上昇と下降の波を描き、一八三〇年代に一つのピークを迎える。江南では一八三三年ごろに天候不順となり、各所で洪水が発生している。おそらくこうした

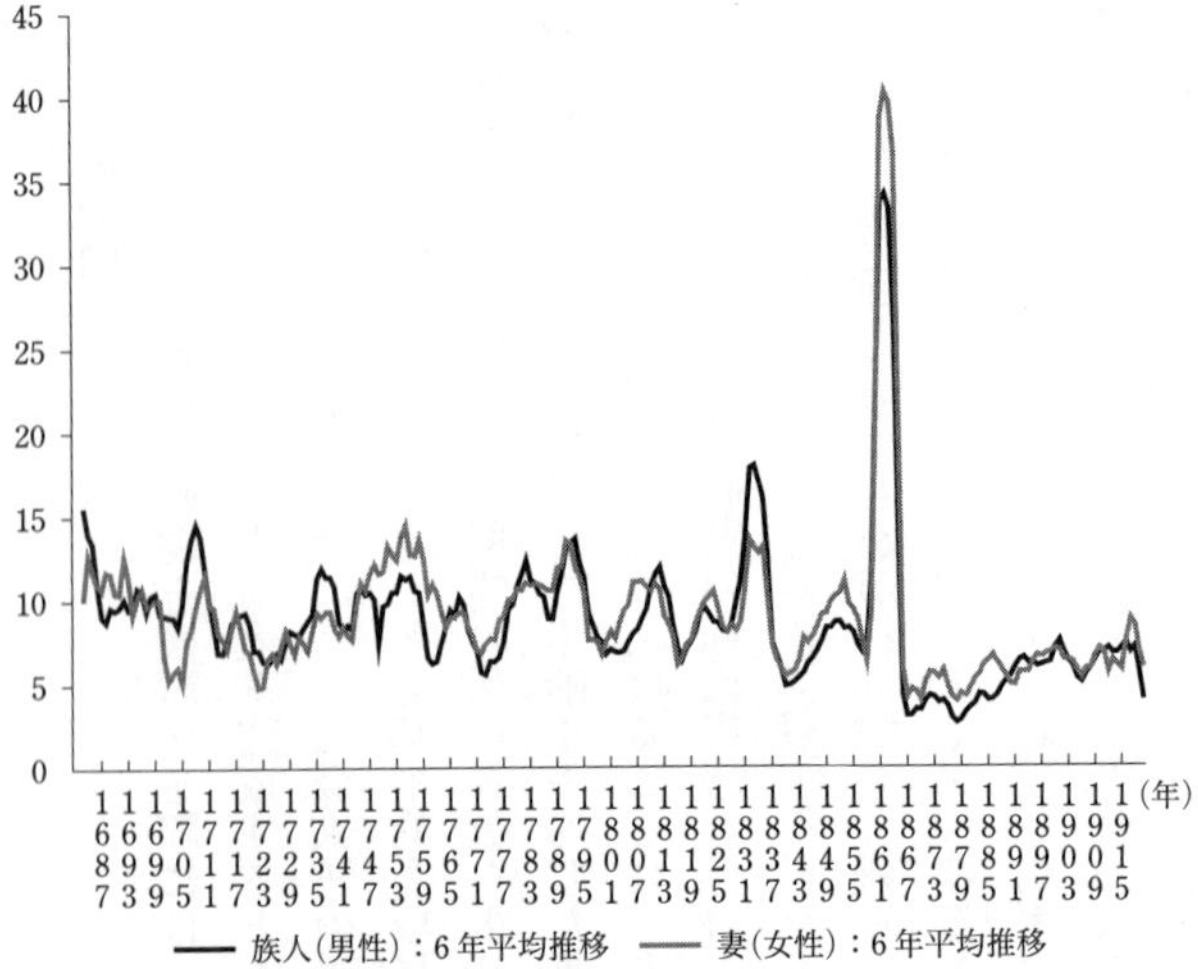

図5-5　6年間移動平均粗死亡率‰(諸暨鍾氏)

異常気象が、人口にも影響を与えたものと考えられる。そして一八六一～六五年の間に死亡率が突出して高くなる。次章で述べる太平天国の戦乱が諸暨盆地を襲ったことが、このピークの原因となる。

生没年を西暦に換算して没年から生年を減じることで、死亡時の年齢を算出することができる。各期間ごとの平均死亡年齢を示したものが、図5‐6のグラフである。

平均死亡年齢の動向を見ると、一六九〇年代から一七三〇年代までの四〇年あまりの期間では、五二歳前後と比較的高齢であった。一七世紀後半から一八世紀の死亡年齢の高さは、諸暨盆地の社会が安定していたことを示している。しかし、一七四〇年代になると一転して四八歳と劇的に低下したのちに、徐々に回復して一八〇〇年代にようやくもとの水準に回復する。平均死亡年齢のピークは一八一〇年代と一八二〇年代に訪れるが、一八三〇年代には再び五〇歳を下回るようになり、太平天国時期に突入する。太平天国の混乱は、鍾氏の平均寿命を一〇歳も縮めることになった。その後の回復は遅く、五〇代に回復するのは太平天国終息から三〇年を経た一八九〇年代である。

多くの族譜を用いて平均死亡年齢を分析した劉によれば、一六五〇年代から下降傾向にあり、五〇代なかばであった死亡時の平均年齢が、一九世紀の前半には四〇代にまで低下していることが明らかとなる。寿命が伸長したことが一八世紀の人口増加をもたらした、という説明は、少なくとも族譜の検討からは成り立たない。

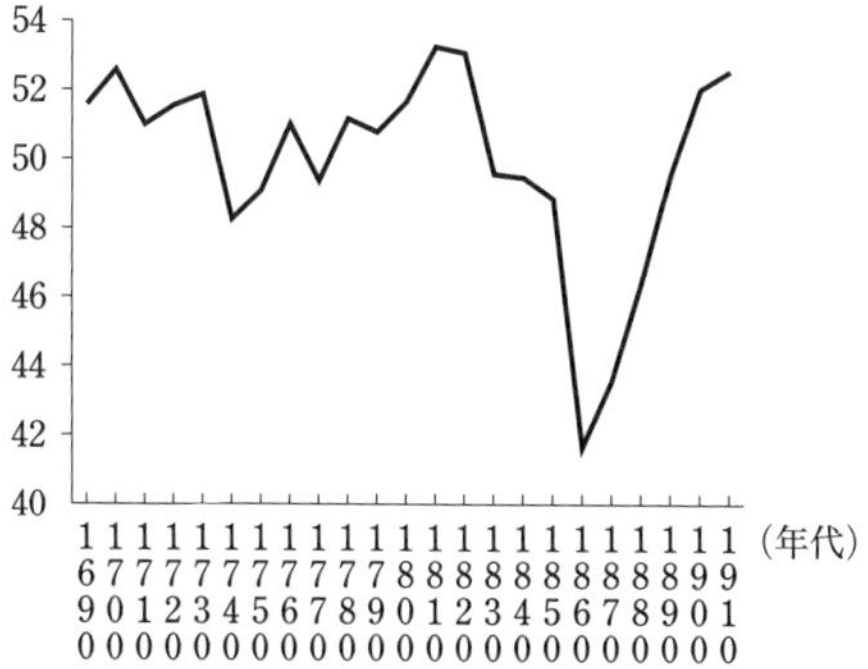

図5-6　平均死亡年齢（諸暨鍾氏）

死亡の季節性

死亡者を月別に集計し、死亡動向に季節変動があったかどうか、調べてみよう。ここで用いるのは月別死亡指数である。この指数は毎月の死亡者数を年間の平均値で除した数値であり、仮に毎月の死亡動向に偏りがなければ、一月から一二月までの数値は「一」を示すことになる。栄養摂取量や疾病罹患率などに季節変動が少ない場合には、毎月の指数は「一」の近辺を上下する。たとえば二〇一四年の日本の場合、厚生労働省「人口動態統計月報」をもとに計算すると、指数の最大は一二月の一・一七、最小は六月の〇・八七となり、変動の偏りを示す標準偏差は〇・〇九六となる。

『諸暨鍾氏宗譜』から族人とその妻が死亡した月を西暦に換算し、月別死亡指数を割り出し、さらに標準偏差を算出してみると、一六世紀後半には〇・五三となり、現代日本の死亡動向と比べ、季節変動がきわめて大きかった。この数値は時期を降るとともに低下し、一九世紀前半には〇・〇八二となり、現代日本よりも変動が少なくなっている。

人口爆発の前後を比較するために、一七〇〇年代(一七〇一〜一〇年)、一七五〇年代(一七五一〜六〇年)、一八〇〇年代(一八〇一〜一〇年)の月別死亡指数を、グラフとして描いてみた(表5-3、図5-7)。一八世紀の初めに七月と一〇月の比率が高かったものが、一八世紀半ば以降は平準化が進んでいることが、読み取れる。

個人情報が整っている浙江省紹興地方に居住していた宗族の族譜『山陰天楽朱氏族譜』を用いて、同様の検討をしてみた(表5-4、図5-8)。生没年を西暦に換算する手間を省き、農暦(太陰太陽暦)で各月の死亡数を半世紀五〇年の期間でカウントしたもの。一九年間に七回置かれていた閏月は、五〇年間では特定の月に偏ることがないことから、指数に与える影響は少ない。これらのグラフをみると、一六世紀後半から一七世紀前半には農暦四月から農暦五月に一つのピーク、そして農暦九月と農暦一〇月にもう一つのピークがあることがわかる。

浙江省では早稲(七月に収穫)と晩稲(一一月に収穫)の二期作が、広く行われていた。死亡率の

表 5-3　図 5-7　月別死亡指数(諸暨鍾氏)

月(西暦) ＼ 時期	1701-10 年	1751-60 年	1801-10 年
1 月	0.88	0.89	0.90
2 月	0.66	0.68	1.04
3 月	0.66	1.10	1.45
4 月	0.66	1.07	0.87
5 月	0.59	1.10	0.87
6 月	1.03	1.31	1.07
7 月	1.25	1.43	0.87
8 月	1.10	0.89	0.81
9 月	1.03	0.89	0.87
10 月	2.13	1.31	1.07
11 月	0.74	0.65	1.24
12 月	1.25	0.68	0.95
人数	163	404	415
標準偏差	0.41	0.25	0.18

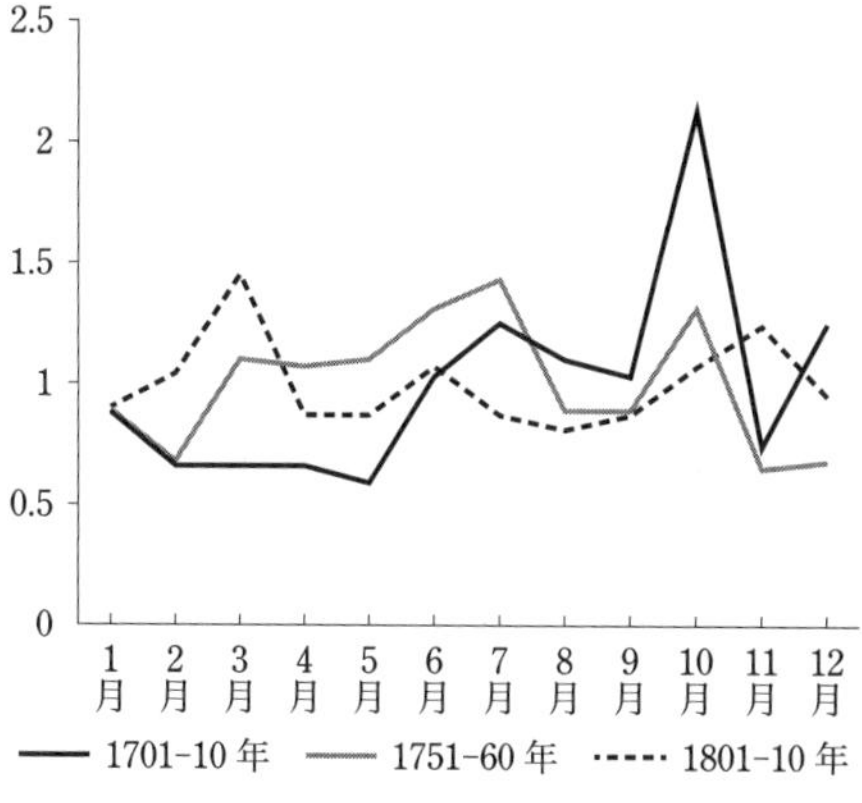

表 5-4　図 5-8　月別死亡指数(山陰朱氏)

月(農暦)＼時期	1501-1550 年	1551-1600 年	1601-1650 年	1651-1700 年	1701-1750 年	1751-1800 年	1801-1850 年	1851-1900 年
1 月	0.873	0.882	0.611	0.781	1.082	1.063	0.855	0.591
2 月	1.667	1.961	1.667	1.211	1.118	1.172	0.855	0.63
3 月	1.349	0.931	1.222	0.898	0.984	1.063	0.983	1.811
4 月	1.27	1.078	1.111	0.898	0.754	0.79	1.218	0.748
5 月	0.317	0.294	0.5	0.625	0.721	0.981	0.94	0.63
6 月	0.317	0.441	0.333	0.938	1.016	1.117	0.983	0.827
7 月	1.587	1.667	0.889	1.484	1.049	0.79	1.026	1.22
8 月	1.024	0.931	1.278	1.444	0.984	0.899	1.154	2.126
9 月	1.587	1.667	1.222	1.172	1.311	1.335	0.876	1.26
10 月	1.349	0.784	0.944	0.898	0.885	0.681	1.004	0.866
11 月	0.238	0.784	1.056	0.898	1.082	0.954	1.004	0.669
12 月	0.397	0.588	1.167	0.722	0.951	1.144	1.111	0.63
人数	151	245	216	307	366	440	562	305
標準偏差	0.528	0.493	0.357	0.261	0.153	0.180	0.110	0.487

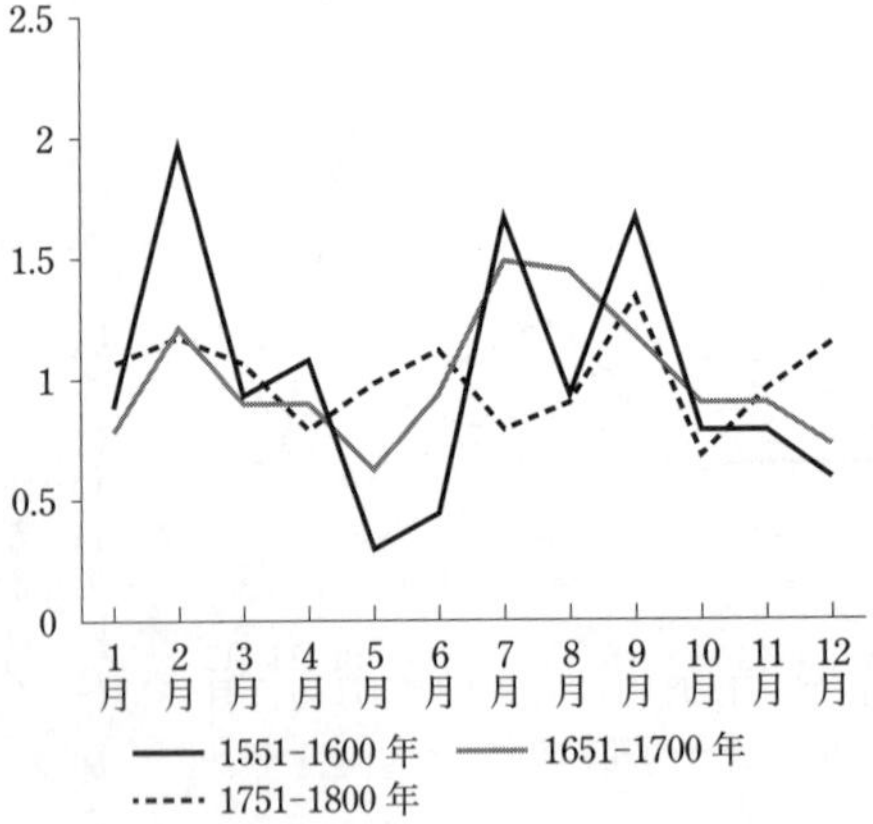

季節的な変化は、早稲と晩稲の収穫直前の端境期に、食糧が不足して栄養失調由来の疾病によって死にいたるケースが多かったことを示している、と考えられる。

こうした季節的な偏りは、時代が下ると平準化していく。

他の地域について劉のデータに基づいて、月別死亡指数を調べてみたところ、次のような傾向が見られた。死亡が多い季節は、江蘇省武進の四つの宗族では、男性が八月から一一月で九月がピーク、女性は七月から一一月で一〇月が最も高い。逆にもっとも少ない季節は男性は七月、女性は五月。また、三月にも死亡が多い時期がある。浙江省蕭山の七つの宗族では、男女ともに七月から一一月の指数が高く、ピークは一〇月。少ない時期は男性は二月、女性は四月。広東の珠江デルタの五つの宗族では、男性が一一月がピークで一二月、一月と続き、女性の場合は一二月がピークで一月がそれに次ぐ。

全体的に俯瞰すると、華中における死亡は晩夏と初冬に集中するのに対して、華南では冬期に偏っていることが分かる。

さらに月別死亡指数の標準偏差を算出してみると、一六世紀前半から一八世紀後半あるいは一九世紀前半まで、指数の偏りは減っていくが、一九世紀後半(一八五〇〜九九年)になると反転して、偏りが強くなる(表5-5)。

一九八〇年代に諸曁盆地の族譜に基づいて、月別死亡指数の変化を分析したことがある。そ

表 5-5　月別死亡指数の標準偏差値(劉(1992))

地域	性別	1500-99 年	1600-99 年	1700-99 年	1800-49 年	1850-99 年
(江蘇)武進	男性	0.41	0.43	0.16	0.20	0.22
	女性	0.46	1.37	0.86	1.50	0.83
(浙江)蕭山	男性	0.32	0.19	0.15	0.09	0.22
	女性	0.52	0.21	0.22	0.19	0.22
広東	男性	0.15	0.16	0.13	0.07	0.09
	女性	0.18	0.12	0.12	0.08	0.09

のときに、私が出した結論は、次のようなものであった。季節変動の程度が下がったのは、農業の生産性が向上し、またサツマイモなどの救荒作物の栽培が広まり、慢性的な飢饉状態から社会が脱したことを示している。人々が端境期を乗り越えられるようになったことが、一八世紀の人口増加の要因だと考えた。

これはマルサスが描いた中国社会、「肥料を与えなくても米の二期作ができる地域があり、すべての土地がすでに耕作されている」という状況と合致する。人口は等比級数的に増加するのに対して、生活物資が等差級数的にしか増加しないとすれば、いずれは飢餓により人口は頭打ちになるはずである。しかし、実際は一八世紀にはじまる人口の急増は、二一世紀の前半期まで続く。私がかつて提示した仮説は、はたして正しいのだろうか。

平均寿命と粗死亡率は、生没年を西暦に換算しなければ算出することはできない。今回、それらの数値を算出したところ、以前に予測していた平均寿命の向上はみられなかった。死亡の季節変動がなくなった時期に、逆に寿命が低下しているのである。以前に私が提起した仮説を、組み立て直す必要に迫られている。

社会の変化と人口動態

族譜の分析をもって、中国全体の人口動態を考察するのは、かなり勇気のいることではあるが、これまで積み上げられてきた知見を動員して、ストーリーを描いてみたい。

漢族社会では一八世紀の前半期、間引きされる女子の比率が低下し、結婚年齢に達し、次の世代を産み育てる女性が増えた。文献史料をひもとくと、この時期に地方政府が溺女禁止の布告を出すようになっており、多くの族譜が、溺女を止めるようにと勧める文書を掲載している。

政府が出した布告の抑止効果は、それほどではなかったと先行研究は指摘するが、地方のエリート層は政府の意向を受けて、対策に乗り出した。一八世紀になると地方の都市では地方政府の公認のもとでエリート層が資金を提供し、貧困層の嬰児を引き取り育てる拯嬰堂を設立する動きが盛んになった。そうした動きに呼応して、郷村部では宗族のなかから溺女を減らそうとする動きが出てくる。こうした社会風潮が、多くの女児の命を救ったものと考えられる。結婚する女性の増加は、母親となったその世代で生まれてくる子どもの数も増やしたであろう。

月別の死亡率を調べると、一八世紀初頭以前には、農作物の端境期に相対的に死亡率が高い。こうした季節的変動が、一八世紀半ばころから見られなくなる。他方、平均寿命は一八世紀半ばに低下する。

一八世紀半ばに季節変動の程度が減り、平均寿命が下がる。この二つの動向を説明する要因として想定できることは、離農人口の増加である。

前章で雲南の銅鉱開発が促進された背景に、清朝が良質の銅銭を大量に鋳造したことを挙げた。その結果、一八世紀には地域社会の隅々まで、銅銭を交換手段とする貨幣経済が浸透したのである。そうなると農家でなくても、現金収入が得られれば、食糧を購入することができる。稼農業に頼らなくなった人々は、零細な手工業や雑業に就いて生計を立てるようになった。稼いだお金で食べ物を買うようになれば、農業のサイクルの影響をまともに受けることはなくなっただろう。その結果、人口の季節変動が目立たなくなる。他方、貨幣経済に巻き込まれた宗族のなかでは、貧富の格差が増大したと推定される。困窮した層で、寿命の低下が起きたと推定される。

貨幣経済が地域社会の隅々にまで及び、貧富の格差が広がると、人口増加とあいまって、平均寿命が下がり始める。貧しくなった人々は、あらたな生存の機会をもとめて、都市に移り住んだり、あるいは労働者として鉱山などで働いたりと、職を求めて移動し始めた。

地域社会から出て行ったものは、貧しい男性が圧倒的多数であった。あとに残されたのは、纏足を施されて移動することが困難な女性である。貧しい男性が単身で出て行ったあと、比較的豊かな男性が地域に留まっていた。残された女性は、こうした男性のもとに嫁ぐ。家にゆとりがあるため、女児が続けて生まれても、養い育てるようになる。こうして、全体的に溺女の比率が下がる。増えた女性は、また次世代を生育する。他方で移出した男性の多くは、独身のまま生涯を終える。

史料で実証することは困難ではあるが、すくなくとも貨幣経済の地域社会への浸透が、人口急増の重要な要因の一つであったことは、間違いない。

次の章では、地域から出ていった独身男性が、歴史に与えた影響を見ていくことになる。

第六章　人口と叛乱――一九世紀

「謀生」と人口

一八世紀から一九世紀なかばまで続く人口増加のあと、一八六〇年代に中国の人口は激減する。その直接の原因は、一七九六年から一八〇四年まで続いた宗教的な民衆叛乱、年号を冠して「嘉慶白蓮教の叛乱」を前奏曲として、一八五一年に広西の移民社会で勃発した太平天国、それに呼応して華北で一八五二年に始まる捻軍叛乱、一八五六年に始まる雲南の回民叛乱がうち続き、戦乱のなかで死体が累々と地を埋め尽くし、河が赤く染まる光景が広がったことである。さらに続く戦乱が社会システムを破壊したために、食糧不足に対応したり、旱水害を防いだりする能力が低下したことも、人口減少に拍車をかけたと考えられる。

一九世紀後半になぜ叛乱は集中的に発生したのだろうか。実はその要因は、一八世紀の人口急増のなかにある。

太平天国を研究する菊池秀明が、興味深いキーワードを提起している。菊池は太平天国が勃発した広西の山間地域に分け入り、また膨大な官民の史料を渉猟したうえで、太平天国が人口に深い爪痕を残した理由を解く鍵が、広東語で「搵食《ウァンセック》」、客家語で「尋食《チムシップ》」、標準中国語で「謀生《モウシエン》」という言葉にあるとする。この言葉は、農業によって生計を維持できない下層民が、没落を回避するために出稼ぎを含む雑多な業務に従事することを意味するという。

客家研究に先鞭をつけた羅香林は、謀生の意味を次のように説明している。

一家のなかに普通多少の田地があるが、農作業はたいてい婦女か、家にいて体が丈夫な一、二名の男子がこれにあたる。農閑期には家で織布・製扇などの手工業や、その他の手芸に従事する。農と工とはまるで分けられないかのようである。二、三の比較的利発な男子は、往々にして県城に居住し、あるいは国内各地、南洋群島で工商各業を経営する。もし資本が足りず、一定の商店がなくとも、また必ず転々と行商を行い、謀生に奔走する。

(羅香林『客家研究導論』、菊池訳)

羅の説明のなかで、婦女が農作業を担うという点は客家の特色で、客家以外の漢族のあいだでは、女性が農作業をすることはあまりない。明清時代の中国では、郷村で暮らす女性も、纏足をすることが多く、戸外での作業に従事できなかった。この一点を除き、羅の謀生に対する説明は、一八世紀の人口急増の理由を探る歴史人口学的な検討の結果と、呼応する。

前章で一八世紀を通して平均死亡年齢がほぼ一定水準であり、寿命が延びたことは確認できなかった。その一方で、死亡の季節的な変動が一七世紀とくらべて平準化したことが、多くの地域で共通していることが分かった。また一八世紀を通じて男性の未婚率が高まることを指摘した。

この三つの人口の動向は、農業に依存しない生き方が広がったと考えることで、きれいに説明できる。纏足した女性を郷村に残して、多くの男性たちは未婚のまま謀生の道を探して村を離れ、行商したり雑業に従事したり、遠くに出稼ぎに出たり、さらに海を渡って東南アジアに赴いたりした。事業に成功すれば結婚できるが、成功への道は厳しく、未婚のまま一生を終える男性も少なくなかった。

貧しい男性が立ち去ったあと、郷村に残った女性は生きるに十分な農地や資産を保有する男性のもとに嫁ぐ。小康（穏やかに暮らせる状態）の家では、何人かの女児を育て上げる余裕があり、周囲の目もあるために溺女を控える。こうして子どもの男女比のアンバランスが緩和され、女性の人口が増えていく。こうした変化のなかで、一八世紀の人口急増が進行した。これが前章で提示した、仮説である。

この仮説の当否を別にしても、郷里を離れた独身の男が一八世紀に多くなったことは、さまざまな史料で裏付けられている。それでは、彼らはどこに行ったのだろうか。また、行った先で、どのように暮らしていたのだろうか。人口流入地であった山地の事例を、ここで紹介しておこう。

三省交界山地の変貌

陝西省南部に連なる秦嶺山脈は、中原文化を育んだ関中盆地と長江の支流・漢水が流れる漢中盆地とのあいだにそびえている。この長大な山脈を挟んで、気候は乾燥した華北と湿潤な華中とに区分される。この山脈が中国の気候区分をなす理由は、その標高の高さにある。西高東低をなし、西部には山脈最高峰である太白山（標高三七六七メートル）を中心に、三〇〇〇メートル級の峰が連なる。

西安の真南に位置する終南山は二六〇四メートル、山脈の東に独立して聳える華山は一九九七メートルである。この高山に阻まれて、南からの湿潤な風はその南麓で雨を降らす。大巴山脈は四川盆地と漢中盆地を隔てる巨大な山塊で、標高は一三〇〇メートルから二〇〇〇メートル、最高峰は三〇〇〇メートルを超える。

一八世紀後半の秦嶺山脈の状況を詳細に伝える資料に、『三省辺防備覧』（以下、『備覧』と記す）がある。この著作を記したのは、厳如熤《げんじょえき》。一八〇一年に陝西省の一つの県の長官として赴任してから、二五年に陝西按察使に在任中で死去するまで、一貫して陝西省の地方官を歴任した人物である。豪放磊落、一見すると農夫のような風貌で、名利に淡泊な人柄だったらしい。彼は四半世紀におよぶ在任期間中に、「三省」すなわち陝西・四川・湖北の三つの省にまたがる山地において治安の維持を図るために、現状を調査し、集めた情報を編集した。これが『備覧』である。

この著作のなかに、移民についてつぎのように記した箇所がある。

山内で荒れ地を開墾する戸は、〔山地地主から土地を借りる〕契約書を書いてから耕作する。耕す土地は数年もすれば開墾が終わり、収穫が得られる。そうすれば、仮住まいの身から定住の立場になる。たまたま大水が出てしまい、あらためて耕作することができなくなると、こだわることなく移出し、別の山地を探す。地戸〔地主の家〕が荒れ地をまとめて持っていたら、佃戸〔小作人〕を数十家も招く。

鉄廠〔製鉄所〕・板廠〔製材所〕・紙廠〔製紙所〕・耳菌廠〔キクラゲ栽培作業所〕などはみな、商人が資本を出し、廠頭〔作業所長〕に渡して労働者を雇い入れている。廠民〔作業所労働者〕は自分の労働で食べていて〔「自食其力」〕、みな良民である。佃戸は山中の谷間に分散して耕作を行っている。（『備覧』「芸文」下巻巻一四）

山地のなかには、木・竹・紙・キクラゲ・鉄・砂金などの「廠」(作業所)があり、みな山地に流入した客民(移住民)が生活の拠り所としているものである。そのなかでは、木廠が最も大きいと厳は指摘する。

木廠と鉄廠

木廠は、秦嶺山脈の深山部にも設けられた。山脈のなかでも標高が高い太白山の周辺には、大規模な木廠が見られたという。そこには、標高が二五〇〇から三〇〇〇メートルの地帯に広がるカバやモミなどから構成される原生林があった。木廠は、この原生林を一〇〇キロあまり入ったところに設けられ、これまで人の手が及ばなかった巨木の伐採を行った。

このような高山地帯から搬出を行うために、大規模な設備投資がまず行われた。山から搬出した木材は、河川によって集散された。大きな木廠ともなると、木材搬出の水陸運送に、三〇〇〇から五〇〇〇人の労働者が従事していたという。

標高が一〇〇〇から一五〇〇メートルの樹林が広がる黒河流域では、古くから人の手が入り、当時はマツやエノキなどからなる二次林で覆われていたと考えられる。マツなどの針葉樹は主に丸太材に加工され、「椴木」(シナノキ科の樹木、学名 *Tiliaceae*)などの落葉樹は板材に加工された。

樹木の大小によらず、すべて斧で伐り倒し、その場で枝や節を取り除いたあとで、太さに応じて丸太材にしたり、板材にしたりしたという。黒河流域では、山がそれほど深くないので、太白山周辺の木材伐採ほどは巨額の資金を必要とはしないものの、それでも多くの費用と労働力が投入されたようである。木材の搬出には、板材を組み合わせて作られたシューターが用いられた。木材に鉄の輪をつけて革縄を結びつけ、二人から四人が一組になって、シューターの上を牽く。傾斜が強いところでは、一人が木材の上にまたがって、一気に滑りおろしたという。

標高が五〇〇から一〇〇〇メートルの樹林帯では、棺材となるために市場価格が高いアブラマツ（学名 *Pinus tabuliformis*）が伐採の対象となった。棺材として用いられる木材は、水に浸けることはできない。そのために、河川運送はできず、人力によって運ばれた。重さ二〇〇から三〇〇斤というから、一五〇キログラムほどもあるアブラマツの板材を、強健な労働者が背負って、起伏の激しい山中を運んだという。一日に二〇キロメートルぐらいの道程しか進めず、途中の宿で身に携えた鍋と乾燥した穀物とで自炊したり、隊列を組んで岩屋や森林のなかで夜を過ごしたりしていた（『備覧』「山貨」巻九）。

山中に設けられた鉄廠でも、多くの移民を労働者として雇用していた。

秦嶺山脈のなかには、鉄鉱石の鉱脈がいたるところに見られた。しかし、鉄廠を開設できるのは、原生林などを近くにひかえ、精錬に用いる木炭を十分に確保できる場所に限られた。そのために、山奥に作業所が設けられたのである。

鉄廠の溶鉱炉は五メートル程度の高さがあり、木炭と鉄鉱石を入れて、十数人の労働者が昼夜を分かたず交替に風箱《ふいご》を押し引きした。炉ごとに一人の監督がつき、火の様子や鉄の成分を調べた。一つの炉に、十数人が張りつくことになる。さらに、最も労働力を必要としたのは、山から木材を炭焼き窯に運んだり、鉄鉱石を採掘し運搬することであった。木炭を運搬する距離によって増減があるが、一つの炉について、およそ百数十人の労働者が必要になったという。

もし鉄廠に炉が六、七基あれば、職人と労働者を合わせて、一〇〇〇人をくだることはない。さらに生産された鉄を用いて、鍋や農具を生産する鍛冶屋を付設すれば、千数百人にものぼることになろう。黒河上流の鉄炉川では、やや大きな鉄廠で二〇〇〇から三〇〇〇人、小さなものでも三、四基の炉をもち、また千数百人もの労働者を擁していたという。

給与生活者

木廠や鉄廠に雇われた労働者は、『備覧』では「廠民」と記載されている。彼らは「自食其力」していたという。この四字熟語の意味は、「労働によって食を得ている」ということで、労働者が小農的な存在形態ではなく、ほぼ完全な賃金労働者であることを示している。もし小農の要素をもった半農半工的な労働者であれば、食糧をある程度自給しつつ、不足する現金収入を作業所における労働で獲得するという形態をとる。廠民は出稼ぎ労働者で、給与生活者である。

作業所の経営者の視点から見ると、木材の運搬や風箱の操作などの単純な労働については、自作地をもつ兼業農家のような労働者を雇い入れることができれば、食糧価格が上昇しても労働者は食糧を自給しているので賃金を上げなくてもよい。しかし完全な賃金労働者であるならば、その生存が賃金にかかっているために、食糧価格が上昇すれば賃金を引き上げざるをえない。

もし賃金の上昇のために採算がとれなくなれば、作業所を休止せざるをえない。言葉を換えて述べるならば、廠は安価な食糧が供給されなければ成立できない。廠民の食糧を生産していたのが、よそから移住してきた「棚民」と呼ばれる人々である。彼らは棚のような木枠にむしろを掛けたような簡単な仮設の小屋に住んでいた。

「廠」と呼ばれる生産形態が山間部に形成される条件は、多大な資本を投入し、膨大な労働力を組織することにある。資本を負担した者は現地の商人や地主ではなく、西安や漢中などに拠点をもつ客商（外来の商人）であり、その背後には漢口（武漢三鎮の一つ）を中心とする物資と資金の流れがあった。

資金面を追究していくと、秦嶺・大巴山脈だけではなく、同じように林業の最前線であった貴州省や湖南省の山地、あるいは最大の森林資源消費地である江南をも視野に収めざるをえなくなる。

『備覧』は木廠について、「包穀（トウモロコシ）の価格が安くなると、廠は大きくなり、労働者も多く集まるが、ひとたび包穀が不作になって価格が上がると、廠は休業して作業も停止し、集まった労働者は分散することもできず、様々な事件が発生する」と記している。「廠」を成り立たせていた安価な食糧は、トウモロコシであった。

アメリカ大陸原産のトウモロコシが中国に伝来した時期は、一五八〇年代であると推定され、一八世紀なかばころまでに中国全域に普及したとされる。厳如熤が山地を調査する数十年ほど前は、山中の秋の収穫はアワが中心であったが、アワの利益はトウモロコシに及ばないということで、それ以後、急速にトウモロコシに切り替えられたとあり、「遍山漫谷は皆、包穀」となったと記されている。

植物としてトウモロコシを見てみると、この植物は温暖な気候を好み、春に一日の平均気温が一四度を超えたときから、秋に一六度以下になるまでの期間に生育する。秦嶺・大巴山脈の山麓部の漢中盆地においては、生育日数は一五〇日から一九〇日となり、夏に栽培して秋に収穫する一期作を行うことが可能である。しかし、山地のなかで標高が上がり、平均気温が低くなるにしたがって、その生育条件は制限されるようになる。秦嶺山脈において、トウモロコシの栽培に適した標高は、八〇〇から一二〇〇メートルの地帯であるとされる。

トウモロコシの栽培状況を、史料から見てみると、「この地域は山地が多く平地が少ない。山の斜面の土地は、トウモロコシとソバしか植えられない。高山の寒冷なところでは、ただ洋芋（ジャガイモ）しか栽培できない。マメ・ムギ・ヒエなどは低山でも植えられることがあるが、トウモロコシほど多くはない」（『孝義庁志』巻三）とあり、トウモロコシが寒冷な高山地帯ではなく、標高が低い山腹で主に栽培されていることが、うかがわれる。

「紫陽はみな山で、水田は多くはない。……浅い山と低い山腹では、すべてトウモロコシとアサ・マメを栽培している」（『紫陽県志』巻三）ともある。前近代の史料には、標高などが明記されていることはないが、二〇〇〇メートル以下の山地でトウモロコシが植えられていたと見て、誤りはないだろう。トウモロコシが栽培された低山地帯は、もともとカシワ・ナラガシワなどが自生していた樹林帯である。トウモロコシが普及するにつれて、これらの樹林は次々と伐採され、開墾された。

山地への人口流入

廠民や棚民は、現地の住民ではなく、ほとんどが南方の安徽省や湖北省・湖南省・江西省などから流入した移住民であった。彼らは謀生のために、山地に入った。

秦嶺山脈・大巴山脈を管轄する府州の人口について、一七七六年から一八二〇年までの年平均増加率を、それぞれの省の全体と比較してみると、三省のいずれでも極めて高いことがわかる。陝西省では省全体が九・六‰なのに対して、北に秦嶺山脈南麓、南に大巴山脈北麓がそびえる漢中府と興安府の増加率は、それぞれ二〇・〇‰、五八・四‰とにわかに信じられないほどの数値を示す。

四川省は一六八〇年代から流入人口が増加し、一七四九年から一七七六年までのあいだは七三‰というきわめて高い増加率を示すものの、一八世紀なかば以降は落ち着き、七・七‰となっている。これに対して、大巴山脈を抱える保寧府・太平庁・夔州府《きしゅう》は八‰から一〇‰とやや高い。湖北省についても、全体が四・二‰であるのに対して、大巴山脈東部を望む鄖陽府《うんよう》と宜昌府は五‰を超えている。

この移民の実態は、どのようなものだったのだろうか。

洛南県《らくなん》は、秦嶺山脈の西部に位置する。この県に一八世紀後半に知県として赴任した何樹滋は、保甲を視察する名目で、あまり護衛も伴わず、県内の各地を巡回した。その見聞を踏まえて、県内の山地に開墾された耕地を免税してほしいという内容の報告書を提出している。洛南県は、華山の南麓に位置し、周囲は標高一〇〇〇メートル程度の山岳・丘陵に囲まれている。平地は、県城の周辺にわずかに広がっているだけだ。山地には雑木林があったと考えられよう。住民は燃料となる木材を切り出して、生計の不足を補っていた。

この山間の洛南県に、大きな変化が生じた。

乾隆二〇年(一七五五)以後に、はじめて外来の流民が現れました。業主(在地の土地保有者)と契約を取り交して山の経営権を得て(「向業主写山」)、山の斜面や尾根に、「耳扒《じはち》」(キクラゲ栽培場。「扒」は小規模作業場)と「木筏」(筏による木材搬出)を行います。扒と筏とが終わると、包穀を植えたり、苦蕎《くしょ》(ソバ)を作ったりするのですが、山地は寒冷で、三月に種をまき九月に収穫をするだけで、二毛作はできません。

幸い天候が順調であれば、収穫がありますが、〔雨が〕少なかったり時期が遅れると、収穫できません。開墾したばかりの斜面の高地はかなりの収穫がありますが、三、四年もすると再び栽培できなくなるため、流民は土地を捨てて移り住み、安定しておりません。

一八世紀なかばに、山地への移民が始まり、生態系が激変する。移民による山林の開発は、段階的に進められた。まず、山地を保有する在地の地主から、土地の経営権を借りる。経営権を得た移民は、まず樹木を切り倒し、丸太を組み上げてキノコ栽培のほだ木とする。その翌年から、キクラゲが生える。三年間は、原木栽培のキクラゲで利益を上げることができるという。

実はトウモロコシ栽培そのものが、土壌流出を直接的に引き起こして、地力の低下をもたらすわけではない。中国各地のトウモロコシ栽培を比較すると、貴州などでは垂直的に植林、農耕とを適地適作で混在させ、さらに切替畑的な農耕を行うことで永続的な農耕を可能にした。トウモロコシが土壌流出を引き起こしているのは、商品作物として生産を行った地域である。そこでは、山地の傾斜地に対して全面的な園耕的栽培を施したために、激烈な土壌侵食を招いた。ちなみに園耕とは、地表の樹木を皆伐し、地中から株根を取り除き、労働集約的な農耕を休耕期間を設けずに連年つづける農耕方式を指す。

開山の方法として、数十人が力を合わせて樹木を引き倒し、倒した株根は腐るにまかせ、幹は割って燃料とし、枝や葉は燃やすとある。燃やした灰を開墾地に散布するだけで、肥料などは入れずに農耕を進めたらしい。このようなトウモロコシ栽培は、園耕の典型例と考えても誤りはないであろう。

三、四年で栽培が不可能になると、棚民は荒廃した土地を捨て、さらに山の奥に入り、掠奪的な生産を展開していった。移住民の構成についても、何樹滋の報告から、中国の南方を中心に、かなり広い範囲の人々が、秦嶺山脈に流入していることがうかがわれる。この移民のなかの大半は、資本をもたずに身体一つで来て、労働者として生活の糧を得ていた。田地を小作したり購入したりできたものは、何がしかの資金を持っていたものと考えられる。

一八世紀なかば以降の新しい山区経済は、無産の移民が廠民として木廠・鉄廠などに必要な労働力を提供し、有産の移民が棚民となって、トウモロコシ栽培を行い安価な食糧を供給したことによって、成り立ちえたことが明らかになる。

報告書の末部で、将来の見通しが述べられる。

新戸〔移住民〕が開いた耕地は、老戸〔旧来の住民〕が土地税を納めていた山でした。この三〇年間は、新たに開墾した土地に力があるので、業戸〔土地保有者〕は〔棚民から小作料を取り立てられるので〕、税金を幸いに滞納せずに納めることができました。

いま、樹木はほとんど尽きようとし、地力も枯れようとしています。数年もたたないうちに、新戸が再び立ち去っていくことは避けられず、あとには荒れ山が残るでしょう。

もし、〔棚民が〕開墾した土地に課税すると、〔将来、山地の開墾地が放棄されても、県が国家に納める税額が減らないと〕県は増えた部分をすでに国家に登録され税負担のある土地に転嫁せざるをえず、しわよせは業主に及び、業主は滞納部分の負担が支えられなくなり、逃亡することは勢いの必ず至るところです。またたくまに荒廃する土地が増大することになると思われます。

ここでは山区経済の繁栄が一時的なものであることが、明瞭に認識されている。

宗教結社「白蓮教」の叛乱

製鉄や林業などの作業所で働く廠民、廠民に安価な食糧を生産した棚民は、郷里から遠く離れ、親族とのつながりはなく、あすには職を失うかもしれない不安定な生活をおくっていた。ストレスの多い彼ら山中の移民を取り込んだのが、白蓮教という宗教結社であった。血縁にも地縁にも頼ることのできない廠民や棚民は、いつなんどき盗賊に襲われるかもしれない。病にたおれ働けなくなるかもしれない。こうしたときに頼ることができるのが、義兄弟のネットワークだった。そのつながりをたどって、白蓮教が移民のあいだに深く浸透していった。

一七世紀以降の白蓮教は、元末に蜂起した白蓮教とは異なり、教徒を抱擁する「母」のイメージを、強調していた。それは自ずと現れた原初の母「無生老母」、仏教から取り入れられた観音菩薩、道教系の西王母などである。白蓮教研究に社会史の視点を取り入れた山田賢の言葉を借りると、「教徒により夢想された理想世界は、白い蓮のうてなに無生老母・白衣観音が坐る西天——清浄・静謐なる「母」のもとの世界——に比定されていた」。

白蓮教の信徒になると、互いに助け合うことが当然の務めとなる。一銭も持たなくても、信徒に出会えれば、面識がなくても衣食の面倒を見てもらえる。厄災に見舞われたときには、命さえも犠牲にしてくれる。教徒は互いに「一家の人」と呼び合った。

宗教によって結びつけられ、信仰に殉じて死を恐れない「一家」は、世俗の権力には脅威となる。一七七五年に清朝は白蓮教の教主を捕らえ、甘粛への流刑に処した。一七九三年には三省交界の山地で布教していた伝教師を捕らえ、全国で一斉に教徒の摘発を行い、信仰を捨てようとしないものを処刑した。

取り締まりの強化を受けて、白蓮教の指導者は、「劫」(終末)が目の前に迫っていると説く。漢水の中流域に位置する襄陽《じょうよう》で教主が、辰年辰月辰日に汚濁した世界を一掃する戦いが始まると宣言した。

一七九六年が辰年だった。大巴山脈から長江中流域の平野に出たところに位置する湖北省宜都県・枝江県の教徒が、この年に武装蜂起する。この叛乱は瞬く間に湖北・四川・陝西・河南に広がる。一八〇二年まで宗教叛乱は続き、清朝の屋台骨を揺るがす。「嘉慶白蓮教の叛乱」

である。

この叛乱ののちも、社会不安は蓄積された。山地で棚民が移動しながら行った収奪的なトウモロコシ栽培は、土壌流失を招いた。一八一四年に出された報告によると、「前年の秋、トウモロコシが不作で、キビ・ソバなども五分程度の収量しかなかった。自作している家では、なんとか自給することができたが、食糧価格が高騰し、各廠では多くの労働者を養うことができず、雇われた人々も生計を立てることができなくなってしまった」とある。

廠で働いていた移民は、「従来から外来の游民(無産の民)に対する(国家の)救済は、戸冊に登録されていなければ、支給されないことを知っている。そこで蜂起して掠奪する意思を固め、それに無業の游民が付き従って合流し、にわかに地方官と軍隊とに刃向った」のである。この一八一三年の蜂起の首謀者の一人は、木廠が休業したために乞食をしていた人物だった。

一八二三年に陝西省南部の山間地域を調査した盧坤が著した『秦疆治略』によると、当時の山地には木廠・鉄廠などは見られず、ただ「木扒《もくはち》」などの小規模な作業組織が残るのみであり、そこで働いている労働者は一〇人あまりで、親族関係で結ばれていたという。「廠」は、すでに衰退し、謀生のために山地に流入した人々は、あらたな謀生の道を切り開くか、叛乱に身を投ずるか選択を迫られて、荒れ果てた山をあとに残して立ち去っていたのである。

「謀生」と太平天国

華南の広西では、一九世紀なかばに太平天国と呼ばれる叛乱が起きる。

一九世紀なかばの広西の社会は、一八世紀の流動的な状況から、階層が固定化されようとするプロセスのなかにあった。広西は巨大な人口を擁するようになった広東の後背地として、米穀などを移出することで経済が回っていた。官僚を輩出した一族や地方政府と結びついた政商が広西に移住し、地方政府の後ろ盾を得て土地を集積して開墾事業を担い、富を築いた。こうした有力な移民はサークルを形成して、エリート集団となった。

一八世紀以前の広西では、チワン族などの少数民族の首長が、土司・土官と呼ばれる世襲的なポストに任命されて、各民族の慣習に基づいて秩序を保っていた。しかし、第四章で言及したように、一七二〇年代に進められた改土帰流政策のもとで、その地位を失った。一九世紀ごろになると、彼らのなかから中国の文明を積極的に受容して、エリート集団に参入するものも現れるようになっていた。

一方で謀生のなかで農業・手工業や商売など職業を転々と変え、稼ぎのあるところに移る人々がいた。地域で形成され始めたエリート層は、彼らを正業に就かない連中だと見なし、「流民（ながれもの）」「游手好閑（ごろつき）」というレッテルを貼った。また他の漢族とは習俗や母語が異なっていた客家や、「講壮話《ゴンゾンワー》」と呼ばれた少数民族チワン族も、官憲やエリート層から差別的に扱われた。

こうした社会層に属する人々が選んだ新たな謀生の道が、洪秀全が創始した拝上帝会に入会し、太平天国の叛乱で頭角を現すことだった。拝上帝会とは、客家出身で科挙試験に挫折した洪秀全が、キリスト教のパンフレットを読んでいたところから、夢で自分が上帝（キリスト教の神《ゴッド》の中国語の訳語）の子で、キリストの弟だと悟ったとして創始した新興宗教。

洪秀全本人も、科挙に失敗してエリートへの階梯を登ることができず、客家であるために広東系の漢族から差別されていた。差別されていた人々を惹きつける魅力を、拝上帝会は放っていたのであろう。入信した人々は、教団の外では実現できなかった夢を、太平天国という社会のなかで達成しようと試みた。これが人々を駆り立て、叛乱を拡大させた動機である。

一八五一年に広西で蜂起した太平天国は、南京攻略を目指して北上し始めると、華南・華中で謀生のさなかにあった人々を糾合し、巨大化していった。宗教的な支柱を保っていたために略奪を厳禁したことも、勢力拡大に寄与したとされる。一八五三年には南京を陥落させ、天京と改名して首都とし、王朝となった。

華中・華南の各地では郷土防衛のためにエリート層の指導のもとで、太平軍と対峙する動きも見られた。第五章で取り上げた諸曁盆地では、有力な宗族に属していた包立身が組織した東安義軍が、一八六一年に盆地に進んできた太平軍と戦った。包は宗教的なカリスマ性を帯びた人物であったらしい。戦闘は凄惨な様相を持つようになり、諸暨は他の地域とくらべても突出して多くの犠牲者を出した。それは前章で示した粗死亡率のグラフを見ていただければ、一目瞭然であろう。

回民戦争とペスト

雲南では一八世紀に、多くの漢族が流入した。人口の増加とともに、域内の物流も盛んとなった。雲南省の中核地域から銅山の開発が進む東川地区を越えて四川に至る東西のルート、雲南西南部から北にチベット高原に茶葉を運び上げ、高原から冬虫夏草などの薬材や馬などと取引する南北のルートが発達する。後者は後世、茶馬古道と呼ばれる。

一七七二年にそのルートの一角でペストが流行すると、これら東西・南北のルートを経て、瞬く間に雲南全域に飛び火した。このエンデミック(地域的流行)は散発的に繰り返され、一八二〇年代まで続き、数万人規模の死者を出したとされる。

一九世紀に入ると雲南でも広西と同じように、漢族のエリート集団が形成され、官憲と結びついて地域社会を牛耳るようになる。エリート層が進める開発事業は、しばしばもとからその地に住んでいた人々と対立する。なかでも回民と呼ばれるムスリムは宗教の違いもあり、差別的な待遇を受けることが少なくなかった。なお雲南のムスリムの多くは、モンゴル帝国の時代に西域から入植した人々の子孫である。

太平天国が華中・華南で一大勢力となっていた一八五六年、ムスリムの杜文秀は官憲から不当な扱いを受けたため蜂起する。そこにペー族・イ族などの少数民族、さらに社会的な上昇を阻害された漢族も加わり、大理を攻め落として政権を樹立した。漢族を中心とするエリート層は、自衛団を組織して清朝の軍隊とともに、大理の杜文秀政権と戦った。これは、中国史で回民戦争と呼ばれ、一八七二年まで続いた。

戦乱のなかで命を落としたものも少なくはなかったが、より深刻な事態が人口減少に拍車を掛けた。軍隊の移動とともに、ペストが再び蔓延し始めたのである。雲南全域に広がり、エピデミック(突発的流行)の様相を示すようになった。戦争が終わったあともペストの流行は止まらない。一八八〇年には雲南から広西に飛び火し、一八九四年には国際的貿易港となっていた香港に入り、中国の沿海地域、台湾・日本・ハワイ・北アメリカへと東進、東南アジアからインド・アフリカへと西進し、パンデミック(世界的流行)となった。

人口の減少と回復

太平天国と回民戦争のほかに、北上する太平天国に呼応、河南と安徽で勢力を拡大した叛乱がある。捻軍と呼ばれたこの叛乱軍は、陝西に進み、一八六八年まで続いた。

叛乱と対抗勢力との戦争は、疫病・飢饉などを伴いながら、人口の減少を招いた。しかし、一八世紀から二〇世紀にいたる中国の人口のグラフは、急速な回復があったことを示している。どのように減少し、その後に回復したのか、まずは趙・謝の『中国人口史』に基づいて、叛乱の時代（一八五一～七二年）を挟んで、各省の人口がどのように変化したか見ておこう。叛乱前の一八四五年を一として、一八五五年から一八八五年まで一〇年ごとの人口を指数で表示した（表6-1）。叛乱が人口にどのような影響をもたらしたのか、概観することができる。

華北の河北・河南・山東・山西、華中の湖南・江西は、人口が大きく減少してはいない。華北は太平天国の影響は直接には受けていない。捻軍が活動しているものの、人口に与えた打撃は少なかったと考えられる。湖南などは太平天国が通過しているが、曽国藩が編成した湘軍の地域防衛が効果を発揮したのであろうか。華南の広西は太平天国の揺籃の地ではあるが、早期に地域から出たために、被害は少なかったものと考えられる。捻軍も長期的な根拠地を築くことができず、つねに転戦していたことを考えると、地域を通過するだけの移動型の叛乱の場合には、人口減少を直接にはもたらさないことを示している。

江南の安徽・江蘇・浙江では、人口が減少し、その後も増加しない。陝西・寧夏・甘粛・雲南の各省は中国西部に位置し、ムスリムの叛乱が人口減少をもたらしたことは明らかだが、人口の減少傾向は一九世紀の三〇年代にはすでに始まっているということに注目する必要がある。

表 6-1　叛乱の人口に対する影響(趙・謝(1988))

年		1845 年(人口)	指数(1845 年人口＝1)			
区域	省		1855 年	1865 年	1875 年	1885 年
東北	黒竜江	255,871	1.030	1.070	1.125	1.765
	吉林	326,000	1.003	1.015	1.037	1.321
	遼寧	2,732,400	1.113	1.157	1.409	1.759
華北	河北	21,510,319	1.005	1.026	1.039	1.078
	河南	24,685,779	1.007	1.007	1.007	1.068
	山東	32,611,743	1.037	1.063	1.091	1.125
	山西	15,008,000	1.066	1.089	1.093	0.719
	陝西	12,037,000	1.002	0.870	0.647	0.688
西北	内モンゴル	1,258,221	1.032	1.065	1.100	1.135
	寧夏	2,095,560	1.002	0.830	0.191	0.182
	甘粛	12,642,598	1.002	0.846	0.303	0.303
華中	江蘇	43,476,000	0.926	0.542	0.459	0.514
	安徽	37,514,000	0.853	0.424	0.362	0.380
	浙江	29,391,000	1.037	0.334	0.387	0.459
	江西	24,509,700	0.980	0.999	1.000	1.001
	湖北	33,420,000	0.956	0.952	0.980	1.005
	湖南	20,360,000	1.019	1.031	1.031	1.032
	四川	41,228,000	1.143	1.085	1.135	1.147
華南	福建	19,389,000	1.058	0.998	1.085	0.001
	台湾	2,536,568	1.075	1.156	0.125	1.334
	広東	26,685,953	1.072	1.082	1.092	1.099
	広西	8,055,229	1.005	0.993	0.983	0.974
	貴州	5,423,000	0.898	0.795	0.872	1.063
	雲南	7,221,000	1.042	0.775	0.666	0.800
内陸	青海	1,060,558	1.018	0.999	0.950	1.004
	新疆	670,063	1.188	1.421	1.685	1.998
	チベット	1,508,544	1.014	1.029	1.044	1.059
	合計	427,612,106	1.006	0.861	0.839	0.805

これはこれらの地域が叛乱の時代の前から、すでに社会的な問題を抱えていたことを推定させる。

一方、叛乱の時期に人口が増加している地域としては、四川と広東の両省がある。これら二つの省は、太平天国が活動した地域の周辺部に位置づけられ、太平天国がもたらした戦乱からの避難民を吸収した結果、人口の増加を招いたと推定できる。新疆では一貫して人口が急増している。清代後期において、従来は漢族があまり居住していなかった地域の人口の増加がみられる。これは自然増ではなく漢族の移住がもたらした社会増であると考えられる。新疆から少し遅れて、一八七〇年代に入ると、遼寧・吉林・黒竜江というマンチュリアへの移住が顕著になる。

大まかな人口の動きを見ていくと、叛乱の時代を挟んで、中国の人口配置が大きく変化していることが明らかとなる。序章で提示した中国全体の人口変動のグラフ（図P-1）をみると、叛乱の時代を経たのちに中国の人口はすぐに回復したかのように見えるが、地域別に人口の動向を調べると、叛乱の時代に人口の空間的な構成が激変したのである。

江南地域の人口変動の背景

江南地域に属する江蘇・安徽・浙江は、一八五〇年代に人口が激減し、その後もほとんど人口が回復しなかった。人口の減少は、太平天国の主要な戦場になったためである。この地域では叛乱の時代の後の人口の回復が、きわめて緩慢だった。この変化をグラフに描いてみると、一目瞭然である（図6-1）。

叛乱後の復興が遅れた要因を探るために、一八七三年における江南の一年を取りあげ、農業生産の状況、穀物価格の動向、社会治安上の事件などを時系列に沿って眺めてみよう。

この年には中国全土が天候不順に見舞われた。中国の気候区分は、北部の乾燥区と南部の湿潤区とに大きく分けられる。この区分は梅雨前線がどこまで北上するかによって決定されている。平年において前線は、秦嶺淮河線のあたりで留まる。ところが一八七三年には北南の気団の力関係が、通常のバランスを逸していたと推定される。前線は華北平原の深くまで北上し、華中の干害と華北の水害とをもたらした。

当時、上海で発行されていた新聞『申報』は、天候不順が社会に与えた影響を刻々と伝えて

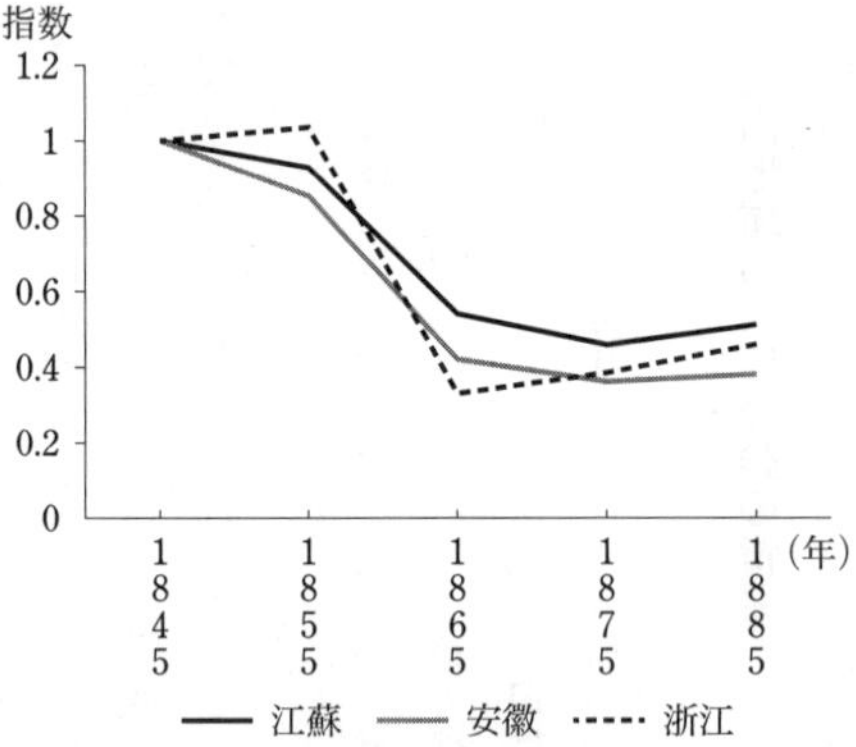

図6-1　叛乱の江南地域の人口に対する影響

いる。この記事を分析することによって、農業不振に対する社会システムの抵抗力の程度を知ることができる。

干害の第一報は、農暦五月一七日（太陽暦6月11日、以下、農暦は漢数字で、西暦はアラビア数字で示す）に、浙江省の寧波から寄せられている。六月一一日（7月5日）になると降水量の不足は深刻になり、「（江蘇省）鎮江一帯では日照りが続き、農家では凶年になるのではないかと危惧している。水田の大半は水が不足し、田植えも半ばしかなされておらず、しかも植えたものの半分は枯れている。このまま雨が降らなければ、必ず飢饉になる。鎮江は近年、米を移出して市場を潤すことが常になっていたが、今年は他所から移入しなければならないだろう」と報じられている。

同月二四日（7月18日）には、浙江省の杭州の農民が昼夜を問わず跳ね釣瓶で水を入れる作業を行い、二八日（7月22日）には蘇州などで雨乞いの祈禱がはじまったという記事が掲載されている。干害が価格に反映する時期は閏六月の上旬（8月上旬）であり、上海や蘇州で米価が三割から二割ほど上昇しはじめる（閏六月一〇日、一七日の記事）。一〇日（8月2日）頃から江南の各地で地方官が壇を設けて雨乞いの儀式を行うようになった。

また浙江では干害であることを官に訴えるために農民が役所に押し掛けるようになり、社会的な不安が強くなる。座して餓死することを待つより、打ち壊しに加わり官憲の手で処刑された方がましではないか、といった切迫した意識を民衆が持ちはじめたという。たとえば閏六月二日(7月25日)には浙江省の嘉善県で農民数十人が県の役所に被害を訴えた。その訴えに応じて役人が現地に赴いて視察していたときに、数人が知県に詰め寄り、その机を覆して殴りかかるという事件が発生している(閏六月一九日の記事)。

この時期の情勢をみると、農作業は早稲の熟成と晩稲の移植の時期にあたり、農民の危機意識がにわかに強くなったことがうかがわれる。しかし、官憲は米価が一時的に上昇しても、市場メカニズムが作用して外地から穀物が流入し、いずれ平静を取り戻すと見ていたようで、具体的な対策を実施していない。雨乞いの儀式は、日照りの被害を訴える農民に見せるために行われており、パフォーマンスに過ぎなかった。

日照りは稲作のみならず、綿花栽培地帯をも追いつめた。叛乱の時代以前の江南では、高度に集約的な農業が行われ、広域水利システムによって管理され、水田耕作を支えていた。この農業の基盤が叛乱の時期に荒廃したため、上海近郊の農村では稲作を放棄し、簡単な器具で耕作ができ、また灌漑を必要としない綿花栽培へと転換している例をみることができる。こうした農民を干害が直撃し、困窮に追い込んだ(閏六月二六日の記事)。

この年には米価が高騰したために食べるものに事欠く農家が現れている。閏六月半ば山東省の蘭山県でコレラと思われる疫病が蔓延しはじめ、杭州に波及する。杭州城内では伝染して死亡するものも多かった(閏六月一三日の記事)。

この疫病は、水不足のために飲用水の質が悪化するとともに、衛生状況が劣悪になったことが直接の原因となって流行したものと考えられるが、その背景の一つに食糧事情の悪化にともなう農民や都市住民の体力の低下を考慮する必要がある。

連関し合う危機の要因

先行研究は江南地域における人口回復が遅れた原因を、並列して挙げている。しかし、具体的にある危機的な年を取りあげてみると、さまざまな要因が時系列に沿って相互に関連を持っていることが明らかになる。

地域の人口の規模を規定しているものは、平均的な食糧供給量ではなく、凶年における端境期において農家がどれだけ食糧を入手できるのか、という食糧確保力である。食糧確保力を規定する要素として、まず凶年の前年における搾取の程度があげられるであろう。搾取が強く農家に余裕が残されていなければ、当然のことながら、農家の確保力は低下する。凶作の年になると、農民は必死に官に対して訴え出る。その努力によって税糧の減免と小作料の軽減を実現したとしても、その年の端境期の食糧不足を補うことはできない。

食糧確保力と密接にかかわるものとして、農家経営の多角性の程度を考慮する必要がある。

一八七三年の干害のときに、江南で被害を受けなかった唯一の地域は、浙江省の湖州などの養蚕地帯だった。養蚕農家は生糸を売却することで食糧を購入して、危機的な状況を乗り切っている(九月一四日の記事)。

綿花栽培地帯においても、稲作と綿花栽培とを兼業している場合は、その収穫時期のずれを生かして被害を最小限にくい止めているが、綿花に専業化した農家は、綿花の収穫量が平年の六割程度に落ちたために、飢餓的な状態に陥っている。また、叛乱の時代のあと、雑業の専門化がすすみ、端境期を乗り切るために一時的に雑業に就くというわけにはいかなくなっている。

さらに社会的な保障も関連している。凶作の端境期に一時的ではあれ公的な機関による支援があれば、困窮した社会層は救われる。しかし、叛乱の時代のあと、県の行政機関や在地有力者の慈善組織は、支援できる体制を維持できなかったものと考えられる。一八七三年の事例を見ても、県の行政官はひたすら雨乞いの儀礼を行うだけで、有効な援助をまったく行っていない。

叛乱の時代の前後で、凶年の端境期における社会の人口保持力がどのように変化したのだろうか。次に族譜からその点を明らかにしてみたい。

死亡の季節変動

表6-2　叛乱前後の月別死亡指数(山陰朱氏)

月(農暦)＼時期	1846-1855年	1856-1865年	1866-1875年	1876-1885年
1月	0.971	0.672	0.679	0.699
2月	0.971	0.672	0.905	0.466
3月	0.629	1.472	1.812	1.048
4月	0.971	0.928	1.359	0.816
5月	1.2	0.8	0.906	1.282
6月	0.8	0.768	0.906	0.583
7月	1.086	1.696	0.226	0.699
8月	1.429	2.176	1.359	1.282
9月	0.743	1.376	0.906	1.165
10月	0.857	0.512	1.132	1.398
11月	1.2	0.48	0.679	1.511
12月	1.143	0.448	1.132	1.049
標準偏差	0.216	0.529	0.387	0.327

先に取り上げた『山陰天楽朱氏族譜』に基づいて、叛乱の時代をはさんで死亡の季節性がいかに変化するのかを分析してみよう(表6-2)。叛乱の時代直前の一八四六年から五五年までの一〇年間、叛乱の時代のまっただ中にある一八五六年から六五年までの時期、そして叛乱の時代を経たのちの一八六六年、一八七六年からそれぞれ一〇年間の月別死亡指数を示した。

浙江省の紹興地方は、一八六一年に太平天国軍によって攻略される。『朱氏族譜』の記録によると翌六二年三月と四月に戦乱に巻き込まれて絶命するものが多かった。本稿の分析では、戦乱が直接の原因となって死去したものは統計から除外した。

まず偏りを示す標準偏差に注目してみる

と、一八四六年から五五年までの一〇年間の数値は〇・二二である。その数値は過去に遡ると一七世紀後半のレベルに相当する。一七〇一年から一八五〇年までの標準偏差(表5-4、図5-8)よりも、若干高めの数値を示す。紹興地方が戦乱に巻き込まれる以前の一八四〇年代には、すでに死亡の季節性を顕在化させる要素が現れていたことを推定させる。

叛乱に朱氏一族が巻き込まれた一八五六〜六五年の指数は、〇・五三と跳ね上がり、その後の一八六六〜七五年の標準偏差〇・三九、続く一八七六年からの一〇年間も〇・三三と若干は下がっているものの、いずれも〇・三を超えており、これは一六世紀のレベルである。叛乱のあとの時期の月別死亡者指数をみると農暦三月と八月に死亡者が急増するというパターンを示しており、春と秋とに死亡者指数が上昇するという傾向を認めることができる。

先に明らかにしたように、叛乱の時代に江南の人口が減少し、その後は直接の戦乱の影響は被らないものの、人口は一九世紀前半の水準には復帰しない。これは単に戦乱が人口の減少をもたらすといった機械的なものではない。

族譜を基にした月別死亡者指数の動向分析から推定されることは、次のように要約できるだろう。一九世紀前半の高度の人口密度を支えていた社会システムが五〇年代に崩壊し、江南のヒトをめぐる状況が、一七世紀レベルに差し戻され、慢性的な飢饉状況が長期間持続した、と。

浙江省の人口規模をみると、一八七五年の水準は一八世紀の人口急増が始まる直前の水準に等しく、マルサス的な均衡状態におかれた浙江省の人口の容量が、その程度であることを推定することができよう。

ある地域の人口の容量は、人間の生存を支える資源の量が決定している。なかでも食糧の量は重要な要素だ。しかし、食糧と人口との関係は、本書の序章で紹介したマルサスの議論で集約できるものではない。食糧の絶対量ではなく、食糧供給量の季節変動、社会的な分配のシステムなどが関連をもってくる。農業にたよらずに、手工業や行商などに従事したり、町に出稼ぎにでたりして、貨幣収入を得て食糧を得るという道もある。

中国の長期にわたる変動をみたとき、一八世紀は産業が多角的に展開し、主要農作物の端境期にも食糧を確保できるようになり、死亡率の季節変動が不明瞭なものとなった。ところが人口の容量を規制していたボトルネックが消えたことにより、一八世紀には江南の人口は急上昇する。しかし、叛乱は江南の産業の多様性を失わせ、端境期に死亡率が上昇するようになったと考えられる。謀生の道が閉ざされたのだ。

叛乱の時期を終えてからしばらくのあいだ、江南地域は一七世紀の状態に戻り、住民の多くが農作物の端境期に体力を低下させ、疫病などへの感染率が高まり、死亡率が上昇するという現象を招いたものと考えられる。凶年の端境期には地域住民の体力は減退し、疫病が流行しやすい。このような状況は、一八世紀前半に確立していたシステムが、叛乱の時期に破壊されたことによってもたらされたものであると見てよいだろう。

叛乱の時代を経て、中国全体の人口の配置は大きく変化する。叛乱の時代に破壊された中国のシステムは、その後に新しい形態を取り、二〇世紀の革命と戦争の世紀へと進んでいく。

終　章　現代中国人口史のための序章

東アジア・ステージから東ユーラシア・ステージへ

中国の人口が変遷してきた流れを、本書では「合散離集のサイクル」で述べてきた。先史時代から商代までを先史サイクルとし、「中国」という枠組みが意識されことから、東アジア・ステージがはじまる。周代から後漢までを第一サイクルとした。邑のなかの住民だけが人口の対象であった時代から、邑の外に広がる山林叢沢で自然とともに生活していた異人も含まれるようになる。秦代から漢代にかけて、官僚が戸口を調査して中央に報告する制度が整い、戸口調査に基づく人口統計が史料に残された。

人口統計は、国家が人民を補足する制度と範囲とに強く規定されている。そのことが、続く第二・第三のサイクルの主題となる。

第二サイクルは、後漢の後期にはじまる。華北と華中では、豪族が多く人々を抱えたことで、国家が人民を把握できなくなった。西北からは異民族の鮮卑族が北魏を建て、均田制を施行して再び戸口統計を取るようになる。この制度は唐代まで続いた。第三サイクルは、安史の乱を契機として、節度使が分散したところからはじまる。東アジアは、北に遼・金朝、南に宋朝と分離した時期を過ごしたあと、モンゴル帝国に組み込まれる。

中国はモンゴル帝国の盟主となった元朝が統治することで、中国人口史は東ユーラシア・ステージへと駆け上がる。西北に北元、東南に明朝と分離・分立する時期を経て、清朝がマンチュリアから興り、中国内地とモンゴル高原・チベット高原・東トルキスタンを版図として統合する。人口統計は二〇〇〇年続いてきた戸口から、保甲制に基づく民数へと替わる。

貨幣経済が地域社会の隅々にまで浸透した結果、農耕を離れて生きることが可能となり、「謀生」の路に進む独身男性が増えた。地域社会では間引かれてしまう女児の比率が下がり、成年に達する女性の比率が増えたと推測できる。生まれてくる子どもの数が増え、一八世紀の人口爆発が引き起こされた。

人口の急増は、一九世紀なかばに叛乱が頻発する要因となった。叛乱が収束したあと、中国の人口分布は大きく変わっていた。

以上が本書で述べてきた中国人口史の概略である。

グローバル・ステージ

一九世紀なかば以降の中国史も、「合散離集のサイクル」で整理することができる。清朝がアヘン戦争に敗れ、一八四二年に南京条約を結んだことで、東ユーラシア・ステージから新たなステージに入る。グローバル・ステージである。

幾度も列強に敗れたことで、清朝の威信は傷つけられ、中国は分散化する。太平天国や捻軍と対峙するなかで、地方有力官僚が指揮をとる湘軍・淮軍という軍隊が編成された。これらの軍隊を支えるために、各省ごとに財政を機動的に運用する必要が生じた。歴史は清朝統治下の「合」から、各省は財政的に独立傾向を強めた「散」のステップに入る。

一九一一年の辛亥革命の結果、各省が清朝から政治的に独立することを宣言した。翌年に皇帝が退位することで、三〇〇〇年以上にわたって続いた王朝史は終わりを告げる。省財政を基盤にして、省を単位とする軍隊に支えられた軍閥が、中国全域に割拠するようになる。各軍閥の背後には、グローバルな帝国主義国家が立つことで、「散」の時期の中国は軍閥乱戦の様相を呈する。

一九三〇年代には、日本の介入が深刻化し、マンチュリアには「満洲国」が傀儡政権として建てられる。モンゴル高原の漠南では、チンギス統原理の権威を帯びたデムチュクドンロブ（徳王）が、自治政府を樹立させようと試みるようになった。

グローバル・ステージにおける「離」のステップでは、蒋介石ひきいる国民党と、毛沢東ひきいる共産党とのあいだで、国造りの方針の違いから「離」の時代となる。単純化して分離の構図を整理すると、開発独裁へと続く道と、社会主義へと向かう道とのあいだの対立ということになるだろう。一九三六年に国民党の統治下で、中国は経済的に最良の状況に到達していた。しかし、その翌年に、日中全面戦争が始まるのである。

戦後の国共内戦を経て、一九四九年に中華人民共和国の建国が宣言される。その国土は清朝の最盛期の版図と、ほぼ重なる。こうして中国は、共産党のもとに「集」のステップに入る。しかし、建国から約三〇年間は、路線対立のために国内は混乱した。

新たな合散離集サイクルは、訪れるのであろうか。「合」のステップに進むタイミングを、鄧小平の改革開放路線がはじまった一九七八年と、仮にしておこう。将来、時代を画するにもっと適切な出来事が出来するかもしれないので。

中国文明が生み出した「陰陽」思想になぞらえると、「合」が極まったときにはすでに「散」が兆していることになる。グローバル・ステージ第一サイクルの「散」のステップのときに、日本は歴史のうねりを読み間違えた。中国を侵略したために、日中双方に災厄をもたらしたのである。第二サイクル「散」のステップに中国がもし進んだ場合、私たちはけっして誤りを繰り返してはならない。

新たな人口統計

人口史の基礎となる統計の変遷をたどると、漢代から清代前期までは戸口データであったものが、人頭税を地税に編入する地丁銀が実施されたことを契機に、保甲制度に基づく民数データへと転換する。

一九一〇年からは新たな統計資料が得られるようになる。中国語で「人口普査」と表記されるセンサス、日本の国勢調査に相当する統計である。実施された年号を冠して、「宣統人口普査」と呼ばれる。以後、統計の精度はまちまちだが、人口統計は近代的な制度のもとで、集計されることになる。

二〇二〇年には、中華人民共和国「第七次全国人口普査」が実施される。その調査報告が発表される時期を待って、宣統人口普査以降の統計データを分析し、本書の続編にあたる中国人口史をまとめることを考えている。

人口統計は、もっとも確実に将来予測が可能な経済統計だと言われている。また、歴史の観点からみた場合、人口統計には過去の社会の状況が、年輪のように刻み込まれている。

図E-1は一九八二年と二〇一五年の中華人民共和国の人口ピラミッドである。これら二つのグラフを見比べてみると、富士山型の形状からいびつな釣り鐘型へと変化していることが分かる。三〇年ほどのあいだに、社会の人口構造が激変したことを、そこから読み取ることがで

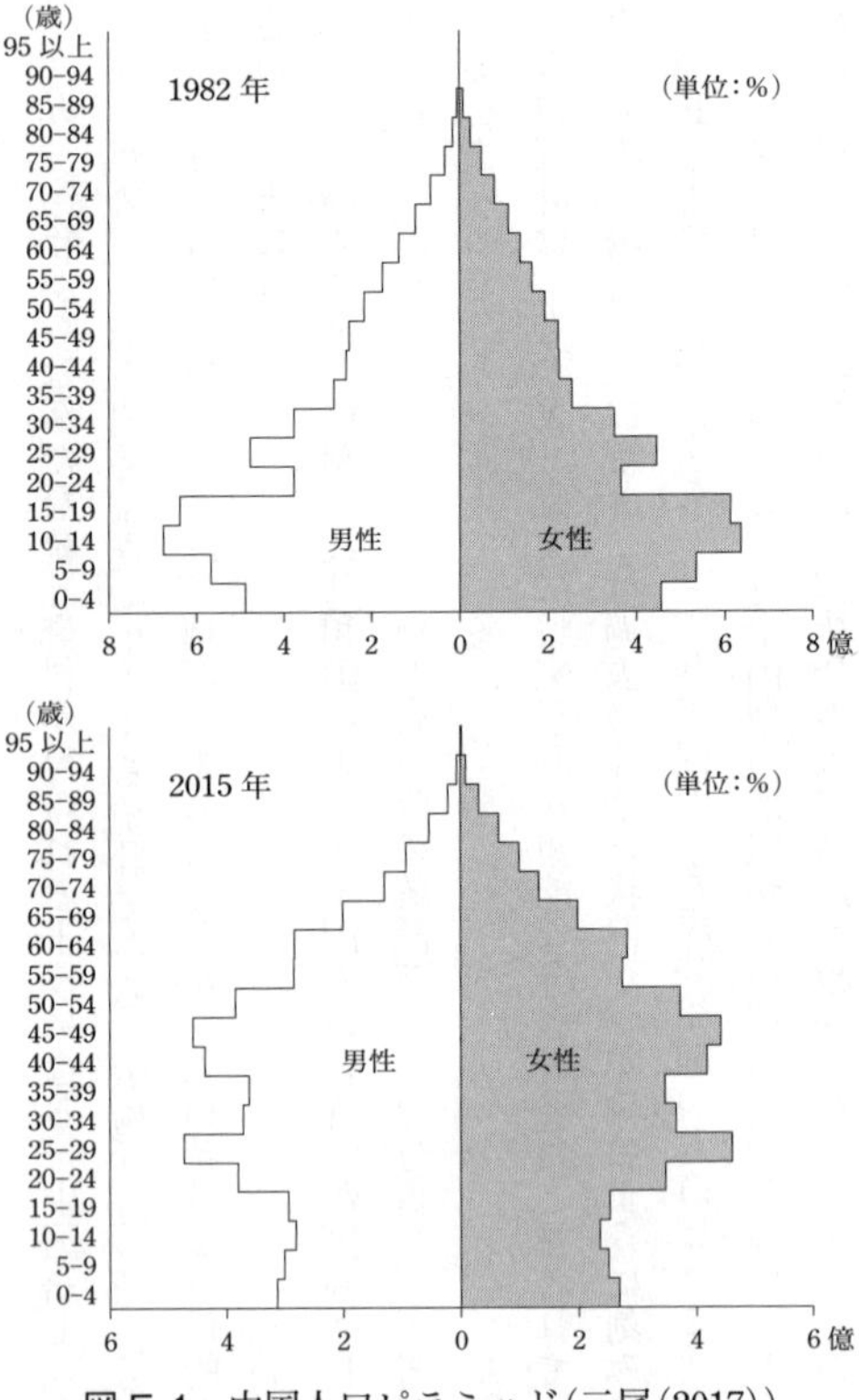

図E-1　中国人口ピラミッド(三尾(2017))

きる。

さらに二〇一五年のグラフから将来に向かってピラミッドを延長すると、「釣り鐘型」に変化した二〇一五年の人口ピラミッドを起点にして、二〇三〇年の人口ピラミッドの姿を想像してみよう。六五歳以上の高齢人口が多く、二五歳から三五歳の労働人口が少なくなっていると予測できる。

二〇一五年のピラミッドに、過去の痕跡を探ってみることもできる。まず気づくことは五五〜六九歳以上で、ガクッと人口が少なくなっている。これは、毛沢東が発動した大躍進政策の失敗の結果、一九六〇年から数年間に多くの餓死者を出したことが影響している。四〇代が多いのは、国共内戦が終結したあとに生まれた中国版「団塊の世代」の女性が出産期に入ったことが背景にある。三〇代が少ない背景には、一九七九年に本格的に施行された「一人っ子政策」がある。その政策にもかかわらず、二〇代後半に人口が多いのは、母親世代の人口ボリュームが大きく、出生数が多い団塊ジュニアだろう。

人口ピラミッドの男女比に着目すると、中国社会が抱えている問題の一つが浮き彫りとなる。出産前に胎児の性別判定が可能となった結果、男尊女卑の観念が根強く残る社会のなかでは、女の子となるはずの胎児が中絶される可能性が高かった。将来、この世代が成長して結婚適齢期にさしかかったとき、男女のアンバランスは大きな社会問題となる。

三〇年ほど前に、「だれが中国を養うのか」という問いかけが発せられたことがある。巨大な人口を抱えた中国で、工業化が進み農業人口が減少する。富裕層のあいだで、肉食を中心とする食生活が広がる。このことが穀物の生産量を減らし、家畜用飼料として穀物が消費される。

中国は世界中から食糧を輸入し始めると、世界的な食糧危機が起きるというのである。マルサスの人口論が、人類全体の問題として議論されたのである。

こうした危機感が正しいのか、否か。今後も中国の実像を正しく把握するために、中国人口史に立ち返る必要がある。正しく恐れるためには、正しい知識が求められるのである。

あとがき

本書「はしがき」は、完成原稿を担当編集者の飯田《はんだ》建《たける》氏に送付した二〇二〇年三月に、執筆した。それから三か月、事態は大きく変化している。

新型コロナウィルスCOVID-19のパンデミックについて、中国政府は国内での感染が終息したと宣言したが、アメリカでは依然として感染者が増え、死亡者数は五月末段階で一〇万人を突破している。緊急事態宣言を一旦は解除した国々でも、日本を含めて第二波が訪れる怖れに直面している。この疫病をめぐり、アメリカと中国とのあいだの溝は深まっている。「疫後」の世界はどのようになるのか、人口の視点から検討する必要があるだろう。

アメリカ・中国と日本の人口状況を比較すると、次のような表にまとめられる(表A-1)。

表を見ると若年人口の比率は中国とアメリカとのあいだには差は見られないのに対して、老齢人口の比率はアメリカの方がやや高い。大きな違いがあるのが、外国人の比率である。今後、中国は少子高齢化が急速に進むと予測されている。他方、アメリカが日本と比較して若年人口の比率が高いのは、合計出生率が高い移民やヒスパニック系住民などが貢献しているものと考

表 A-1　各国の人口状況(2019 年)(「21 世紀の産業政策(上)」『日本経済新聞』2020 年 5 月 28 日)

	総人口(人)	15 歳未満の人口比率	65 歳以上の人口比率	外国人の人口比率
中国	14.5 億	18.1%	12.0%	0.1%
アメリカ	3.3 億	18.4%	16.6%	15.4%
日本	1.3 億	12.4%	28.4%	2.0%

えられる。

中国は労働人口が減少する前に、労働集約型の製造業を軸とする産業構造から、技術集約型・知識集約型産業への転換を図るとともに、「一帯一路」と呼ぶ対外進出を進め、軍事的な優位を確保しようとしている。COVID-19の発生源として批判され、国際的な威信は傷つくとはいえ、その路線は揺らがないであろう。アメリカは半導体などの技術が中国に渡ることを阻止しようとするが、中国は自前で開発しようと努めるものと考えられる。毛沢東時代に唱えられた「自力更生」のスローガンが、ホコリを拭き取られて再登場するかもしれない。

一方、内向きの傾向を強めるアメリカは、外国人の流入を抑制することで、社会のダイナミズムが失われようとしている。COVID-19が終息する前に経済活動を再開させたために、疫病が長引き、各国からアメリカへの渡航制限の解除が遅れる可能性もある。また、医療保険制度が整わず、貧富の格差が大きいために、感染者・死亡者ともに低所得者に集中している。社会の多様性・統合力は、あきらかに低下している。

国内総生産GDPで一位のアメリカと二位の中国のあいだで、人口上でどちらが優位かという視点は、今後の人類の運命を占う上でも重要であろう。本書の延長線上で疫後の世界を、歴史的観点に立って予測する場合、来たるべきステップは、グローバル・ステージの合散離集サイクルのどこに位置づけられるのか、と思索することが有効かもしれない。

「はしがき」を書いた時点で、本書のタイトルは「中国人口史を読み解く」とするつもりであった。編集会議で、それでは読者の心に届かない、ということで、飯田氏とも候補となる書名をいくつも出し合った結果、『人口の中国史』となったのである。

素直に発想すれば「中国の人口史」となるのであろうが、あえて順序を変えたのは、受けをねらったわけではない。人類全体の人口を総テーマとするなかに、中国の歴史を位置づけたい、そのような想いがこのタイトルに込められている。

いまから二〇年ほど前、高校世界史の教科書の執筆に携わったとき、一つの疑問が生まれ、以来ずっと気になっていたことがある。国名は歴史叙述文の主語になり得るのだろうか、ということである。新聞記事でもしばしば国名を主語とする。そもそもこの「あとがき」でも、中国やアメリカが主語となっている。しかし、そのように記述した瞬間に、何か大切な事柄が見落とされているのではないか、と気になっていた。

かわぐちかいじ氏のマンガ『沈黙の艦隊』（『モーニング』講談社、一九八八〜九六年）は、原子力潜水艦が国家「やまと」として独立を宣言するという設定が話題となった。近現代の国際社会において、「国」は法人格を有するものとして扱われる。国際社会がその原潜を国家と認めれば、「国家」となり得るという前提で、ストーリーが進む。私も熱心に読んでいたのだが、ある時点で、この原潜が国家となるには、根本的な欠陥を抱えていることに気づき、熱が冷めてしまった。

「やまと」は、人口の再生産《リプロダクション》ができない、という欠陥である。生殖《リプロダクション》を伴わない人間集団を国家とみなすことはできない。これは、少子化を止められない日本に、突きつけられた課題でもある。私が到達した観点は、国家を論じる前に、ヒト（学名 *Homo sapiens sapiens*）のリプロダクションを考察しなければならない、ということである。そして、一人の女性が子をどのように産み、その子を取り巻く社会がその子をどのように守り育てるのか、という一つ一つの営みが、リプロダクションなのである。

今回のパンデミックは、悪いことばかりではなかった。二酸化炭素の排出量が激減し、大気汚染が緩和され、人口密集地の海岸にも海洋生物が寄りつくようになったということである。地球温暖化が人類の存続を脅かしかねない時代にあって、パンデミックを人類史のなかに、正と負の両面で位置づける必要があるのだろう。

大学からいただいた二〇一八年夏から一年間の研究休暇中に、本書を脱稿する腹づもりであった。結局、仕上げることができなかったのだが、飯田氏には、ときに励まし、ときに促して伴走し、第一次原稿提出後は貴重な提言を寄せていただいた。飯田氏をはじめとする新書編集部の皆さんには、心よりお礼を申し上げたいと思う。

また、本書が少しでも読みやすくなっているとしたら、これは草稿の最初の読者となった妻のアドバイスのおかげである。本書のタイトル案を考える際には、妻と娘（本書とは「図と地」の関係にある『森と緑の中国史』執筆中に生まれた）とが、思考がフリーズしてしまった私に代わって知恵を絞ってくれた。

人口統計の範囲が伸び縮みするところから、娘が提起した『ゴムゴム中国人口史』というタイトル案は、また別のところで活用することにしたい。

二〇二〇年六月

上田　信

参考文献リスト

全体に関わる文献

菅野一郎訳(1983, 84)「中国植生の地理的分布の規則性」『森林立地』25–2，26–1(中国植被編輯委員会(編)(1980)『中国植被』科学出版社，第16章の全訳)

礪波護・尾形勇・鶴間和幸・上田信編集委員(2004–05)『中国の歴史』全12巻，講談社

岸本美緒(2015)『中国の歴史』(ちくま学芸文庫)筑摩書房

佐川英治・杉山清彦編(2020)『中国と東部ユーラシアの歴史』放送大学教育振興会

趙文林・謝淑君(1988)『中国人口史』人民出版社

王育民(1995)『中国人口史』江蘇人民出版社

葛剣雄ほか(1997)『中国移民史』全6巻，福建人民出版社

路遇・滕沢之(2000)『中国人口通史(上・下)』山東人民出版社

葛剣雄主編(2000–02)『中国人口史』復旦大学出版社

　葛剣雄(2002)「第一巻　導論・先秦至南北朝時期」

　凍国棟(2002)「第二巻　隋唐五代時期」

　呉松弟(2000)「第三巻　遼宋金元時期」

　曹樹基(2000)「第四巻　明時期」

　曹樹基(2001)「「第五巻　清時期」

　侯楊方(2001)「第六巻　1910–1953年」

江立華・孫洪濤(2001)『中国流民史(古代巻)』安徽人民出版社

袁祖亮主編(2007–2012)『中国人口通史』人民出版社

　焦培民(2007)「2　先秦巻」

　袁祖亮(2012)「3　秦西漢巻」

　袁祖亮・王孝俊(2012)「8　遼金巻」

　李莎・袁祖亮(2012)「9　元代巻」

序章

上田信(1999)『森と緑の中国史——エコロジカル - ヒストリーの試み』岩波書店

マルサス，斉藤悦則訳(2011)『人口論』(光文社古典新訳文庫)光文社

第 1 章

宋鎮豪(1994)『夏商社会生活史』中国社会科学出版社

第 2 章

吉田順一ほか(1998)『「アルタン = ハーン伝」訳注』風間書房

第 3 章

侯楊方(2014)「従乾隆帝誤読人口数看人口統計制度清前期」『清史鏡鑑』第 3 期

侯楊方(2018)「乾隆時期民数滙報及評估」『歴史研究』2008 年第 3 期

第 4 章

山田賢(1995)『移住民の秩序——清代四川地域社会史研究』名古屋大学出版会

山田賢(1998)『中国の秘密結社』講談社

岡田英弘編(2009)『清朝とは何か』(別冊『環』16 号)藤原書店

上田信(2016)『貨幣の条件——タカラガイの文明史』筑摩書房

龔蔭(1992)『中国土司制度』雲南民族出版社

丁光玲(2006)『清朝前期流民安挿政策研究』文史哲出版社

趙英蘭(2011)『清代東北人口社会研究』社会科学文献出版社

Ho, Ping-ti(1959), *Studies on the Population of China, 1368–1953*, Harvard University Press(中国語訳：何炳棣 (1989)『1368 – 1953 中国人口研究』上海古籍出版社)

Lee, James Z., Wang Feng(1999), *One Quarter of Humanity:*

Malthusian Mythology and Chinese Realities, 1700–2000, Harvard University Press

第5章

上田信(1994)『伝統中国――〈盆地〉〈宗族〉にみる明清時代』講談社
鬼頭宏(2000)『人口から読む日本の歴史』(講談社学術文庫)講談社
速水融(2009)『歴史人口学研究　新しい近世日本像』藤原書店
山本英史(2017)「清代の溺女問題認識」三木聡編『宋――清代の政治と社会』汲古書院
安元稔(2019)『イギリス歴史人口学研究――社会統計にあらわれた生と死』名古屋大学出版会
劉翠溶(1992)『明清時期家族人口与社会経済変遷』(台湾)中央研究院経済研究所
侯楊方(1998)「明清江南地区両个家族的生育控制」『中国人口科学』1998年第4期.
侯楊方(2005)「明清江南地区家族人口的生育和死亡」『中国人文社会科学博士碩士文庫(続編)』浙江教育出版社
常建華(2006)『婚姻内外的古代女性』中華書局

第6章

上田信(1995)「清朝期中国の災害と人口」速水融・町田洋編『人口・疫病・災害』(講座「文明と環境　7」)朝倉書店
菊池秀明(1998)『広西移民社会と太平天国』風響社

終章

ブラウン，レスター・R., 今村奈良臣訳(1995)『だれが中国を養うのか?――迫りくる食糧危機の時代』ダイヤモンド社
ヴィステンドール，マーラ，大田直子訳(2012)『女性のいない世界――性比不均衡がもたらす恐怖のシナリオ』講談社
三尾幸吉郎(2017)「図表でみる中国経済(人口問題編)――「人口

ボーナス」から「人口オーナス」へ、バブル崩壊の遠因になる恐れも」ニッセイ基礎研究所 https://www.nli-research.co.jp/report/detail/id=55825(2020 年 6 月 11 日閲覧)
村山宏(2020)『中国　人口減少の真実』日本経済新聞出版
小浜正子(2020)『一人っ子政策と中国社会』京都大学学術出版会

上田 信

1957年生まれ．東京大学大学院人文科学研究科修士課程修了
現在一立教大学文学部教授
専攻一中国社会史，アジア社会論
著書一『森と緑の中国史——エコロジカル-ヒストリーの試み』(岩波書店)，『ヒストリア5 トラが語る中国史——エコロジカル・ヒストリーの可能性』『世界史リブレット83 東ユーラシアの生態環境史』(以上，山川出版社)，『中国の歴史9 海と帝国 明清時代』(講談社)，『ペストと村——731部隊の細菌戦と被害者のトラウマ』(風響社)，『貨幣の条件——タカラガイの文明史』(筑摩書房)，『歴史総合パートナーズ1 歴史を歴史家から取り戻せ！——史的な思考法』(清水書院)，『死体は誰のものか——比較文化史の視点から』(ちくま新書) ほか

人口の中国史
—先史時代から19世紀まで　　岩波新書(新赤版)1843

2020年8月20日　第1刷発行

著　者　上《うえ》田《だ》 信《まこと》

発行者　岡本 厚

発行所　株式会社 岩波書店
〒101-8002 東京都千代田区一ツ橋2-5-5
案内 03-5210-4000　営業部 03-5210-4111
https://www.iwanami.co.jp/

新書編集部 03-5210-4054
https://www.iwanami.co.jp/sin/

印刷・三陽社　カバー・半七印刷　製本・中永製本

ISBN 978-4-00-431843-9　　Printed in Japan

岩波新書新赤版一〇〇〇点に際して

ひとつの時代が終わったと言われて久しい。だが、その先にいかなる時代を展望するのか、私たちはその輪郭すら描きえていない。二〇世紀から持ち越した課題の多くは、未だ解決の緒を見つけることのできないままであり、二一世紀が新たに招きよせた問題も少なくない。グローバル資本主義の浸透、憎悪の連鎖、暴力の応酬――世界は混沌として深い不安の只中にある。

現代社会においては変化が常態となり、速さと新しさに絶対的な価値が与えられた。消費社会の深化と情報技術の革命は、種々の境界を無くし、人々の生活やコミュニケーションの様式を根底から変容させてきた。ライフスタイルは多様化し、一面では個人の生き方をそれぞれが選びとる時代が始まっている。同時に、新たな格差が生まれ、様々な次元での亀裂や分断が深まっている。社会や歴史に対する意識が揺らぎ、普遍的な理念に対する根本的な懐疑や、現実を変えることへの無力感がひそかに根を張りつつある。そして生きることに誰もが困難を覚える時代が到来している。

しかし、日常生活のそれぞれの場で、自由と民主主義を獲得し実践することを通じて、私たち自身がそうした閉塞を乗り超え、希望の時代の幕開けを告げてゆくことは不可能ではあるまい。そのために、いま求められていること――それは、個と個の間で開かれた対話を積み重ねながら、人間らしく生きることの条件について一人ひとりが粘り強く思考することではないか。その営みの糧となるものが、教養に外ならないと私たちは考える。歴史とは何か、よく生きるとはいかなることか、世界そして人間はどこへ向かうべきなのか――こうした根源的な問いとの格闘が、文化と知の厚みを作り出し、個人と社会を支える基盤としての教養となった。まさにそのような教養への道案内こそ、岩波新書が創刊以来、追求してきたことである。

岩波新書は、日中戦争下の一九三八年一一月に赤版として創刊された。創刊の辞は、道義の精神に則らない日本の行動を憂慮し、批判的精神と良心的行動の欠如を戒めつつ、現代人の現代的教養を刊行の目的とする、と謳っている。以後、青版、黄版、新赤版と装いを改めながら、合計二五〇〇点余りを世に問うてきた。そして、いままた新赤版が一〇〇〇点を迎えたのを機に、人間の理性と良心への信頼を再確認し、それに裏打ちされた文化を培っていく決意を込めて、新しい装丁のもとに再出発したいと思う。一冊一冊から吹き出す新風が一人でも多くの読者の許に届くこと、そして希望ある時代への想像力を豊かにかき立てることを切に願う。

（二〇〇六年四月）

岩波新書より

岩波新書より

世界史

移民国家アメリカの歴史　貴堂嘉之
フィレンツェ　池上俊一
マーティン・ルーサー・キング　黒﨑　真
ナポレオン　杉本淑彦
ガンディー　平和を紡ぐ人　竹中千春
イギリス現代史　長谷川貴彦
ロシア革命　破局の8か月　池田嘉郎
天下と天朝の中国史　檀上　寛
孫　文　深町英夫
古代東アジアの女帝　入江曜子
新・韓国現代史　文　京洙
ガリレオ裁判　田中一郎
人間・始皇帝　鶴間和幸
袁　世　凱　岡本隆司
二〇世紀の歴史　木畑洋一
イギリス史10講　近藤和彦
植民地朝鮮と日本　趙　景達
シルクロードの古代都市　加藤九祚
中華人民共和国史〔新版〕　天児　慧
新・ローマ帝国衰亡史　南川高志
近代朝鮮と日本　趙　景達
マヤ文明　青山和夫
四字熟語の中国史　冨谷　至
李　鴻　章　岡本隆司
新しい世界史へ　羽田　正
パル判事　中里成章
グランドツアー　18世紀イタリアへの旅　岡田温司
マルコムX　荒このみ
パ　リ　都市統治の近代　喜安　朗
ノモンハン戦争　モンゴルと満洲国　田中克彦
中国という世界　竹内　実
ウィーン　都市の近代　田口　晃
紫　禁　城　入江曜子
ジャガイモのきた道　山本紀夫
北　京　春名　徹
創氏改名　水野直樹
フランス史10講　柴田三千雄
地　中　海　樺山紘一
多神教と一神教　本村凌二
奇人と異才の中国史　井波律子
ドイツ史10講　坂井榮八郎
ナチ・ドイツと言語　宮田光雄
離散するユダヤ人　小岸　昭
アメリカ黒人の歴史〔新版〕　本田創造
ゲルニカ物語　荒井信一
上海一九三〇年　尾崎秀樹
ゴマの来た道　小林貞作
文化大革命と現代中国　安藤正士・太田勝洪・辻　康吾
ピープス氏の秘められた日記　臼田　昭
中世ローマ帝国　渡辺金一
書物を焼くの記　鄭　振鐸　安藤彦太郎・斎藤秋男 訳

岩波新書/最新刊から

1833 ドキュメント 強権の経済政策 ―官僚たちのアベノミクス2― 軽部謙介 著
国家主導の賃上げに消費税の引上げ、為替介入をめぐる攻防。内部亀裂の走る財務省・日銀。「官邸一強」下の政策立案の内幕に迫る。

1836 リスクの正体 ―不安の時代を生き抜くために― 神里達博 著
新型コロナ、相次ぐ自然災害、巨大地震の恐怖……。リスク社会化に伴って生起する、さまざまな「不安」とどう向きあえばよいか。

別冊12 岩波新書解説総目録 1938-2019 岩波新書編集部 編
一九三八年の創刊以来、三四〇〇点余り刊行されてきた岩波新書。八〇年の歩みをたどる初めての総目録。刊行順に配列し解説を付す。

1808 「中国」の形成 現代への展望 シリーズ 中国の歴史⑤ 岡本隆司 著
多元勢力のカオスのなかから、「中国」がその姿を現す。一七世紀から現代まで、平和と混迷の四百年を一気に描く。シリーズ完結。

1837 ジョージ・オーウェル ―「人間らしさ」への讃歌― 川端康雄 著
ポスト真実の時代に再評価が進むオーウェル。少年時代から晩年までの生涯と作品をたどり、その思想の根源と作品に込めた希望をさぐる。

1838 景観からよむ日本の歴史 金田章裕 著
写真や古地図を手がかりに、古都京都の変遷、古代の地域開発、中世の荘園支配などを景観の視点からよみとく。町歩きにも最適。

1839 イスラームからヨーロッパをみる ―社会の深層で何が起きているのか― 内藤正典 著
シリアと難民、トルコの存在など過去二〇年間の出来事を、著者四〇年のフィールドワークをもとにイスラームの視座から読み解く。

1840 コロナ後の世界を生きる ―私たちの提言― 村上陽一郎 編
今後に私たちを待ち受けているのは、いかなる世界なのか。コロナ後を生き抜くための指針を、各界の第一人者二四名が提言。